中世から近世へ

今川のおんな家長 寿桂尼

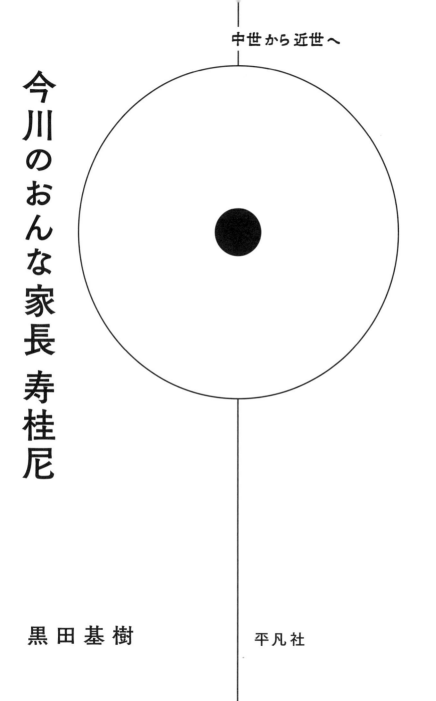

黒田基樹

平凡社

装幀　大原大次郎

今川のおんな家長　寿桂尼◉目次

今川氏親・寿桂尼関係系図

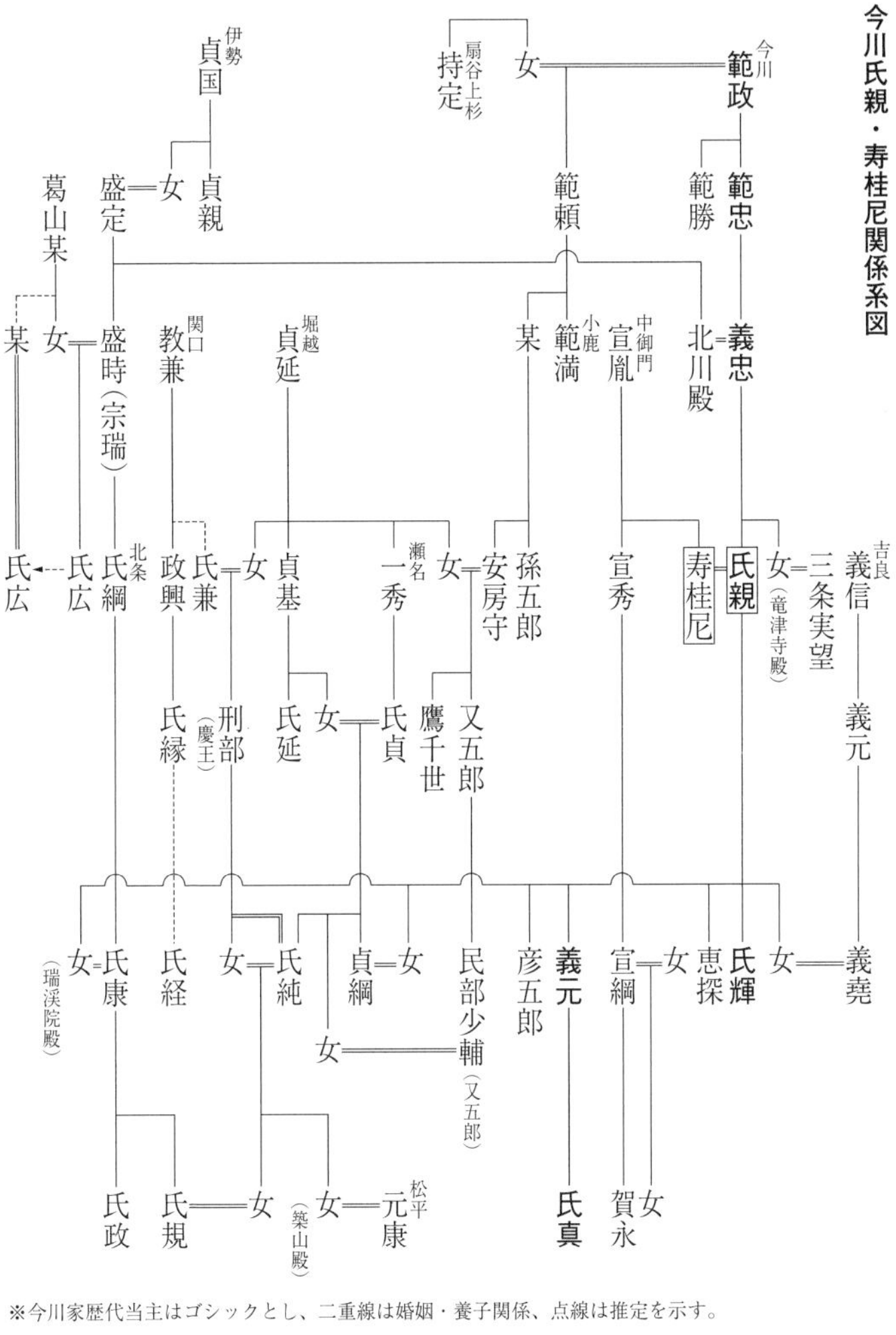

※今川家歴代当主はゴシックとし、二重線は婚姻・養子関係、点線は推定を示す。

はじめに――寿桂尼からみる戦国大名家の妻の役割

本書の主人公となる「寿桂尼《じゅけいに》」は、戦国大名今川家の始祖・今川氏親《うじちか》の正妻であり、その後室（いわゆる後家、未亡人）にあたる人物である。京都の中級公家・中御門宣胤《なかみかどのぶたね》の娘であった。寿桂尼は、戦国史に少し詳しい人たちには、「おんな戦国大名」の異称で知られているところであろう。彼女についての単行本こそ出されていないが、歴史小説では永井路子氏による『姫の戦国』（文春文庫）がある。またＮＨＫ大河ドラマでも、脇役ではあったが、「武田信玄」「風林火山」「おんな城主直虎」などにおいて重要人物として登場しており、それらをご覧の方には多少の馴染みもあろう。

寿桂尼が「おんな戦国大名」とも称されているのは、夫氏親の死後、今川家当主となった嫡男氏輝《うじてる》が病弱のため政務を執ることができず、それに代わって独自の朱印状を出して、政務を執ったことからきている。戦国大名家当主の代行を務め、その役割が当主そのものであったためである。寿桂尼の発給文書は二七通が確認されている。これは戦国大名家の女性が出した文書として最も多く、しかもすべてが支配のための公文書であるところに特徴がある。このように、戦国大名による領国支配を担った女性として、一定の史料を残しているものとして他に例はなく、寿桂尼は極めて特筆されるべき存在といってよい。

しかし、そのように注目すべき存在であるにもかかわらず、寿桂尼の生涯の全容が明らかにされてきたとはいいがたい。もちろんこれまでにも寿桂尼について追究した研究はあり、なかでも久保田昌希氏の研究は、発給文書の蒐集・検討、生涯の概略の把握など、基本部分を解明している（『戦国大名今川氏と領国支配』ほか）。それでも寿桂尼の動向は、実に豊富であり、また寿桂尼の存在が特筆されるべきものであることからすると、その動向一つひとつについて、丹念に検討していく価値がある。

寿桂尼の動向を詳細にみていくことで何がみえてくるのか。それは戦国大名家における正妻や後室の性格と役割、その社会的地位である。それらについての史料は必ずしも多くは残されておらず、そのため室町幕府足利将軍家や上級公家と比べても、戦国大名家の妻については十分な研究も行われていない。そうしたなかで寿桂尼は、検討に値いすべき多くの史料を残しており、まさに代表的存在というに相応しい。最も史料の多い寿桂尼をみることで、その基本的な在り方、もしくはその指標が認識可能になるに違いない。

戦国大名家の正妻や後室とは、どのような存在であったのか。その実像を知ることができれば、同時代における禁裏《きんり》（天皇家）・足利将軍家・上級公家の正妻・後室との比較も可能になるし、また時代をさかのぼっての比較や、時代を下っての比較により、大名権力・武家権力における正妻・後室の性格の変化を認識することが可能になっていくであろう。寿桂尼についての検討は、まさにそのための基本を構築することにつながると考えられるのである。

なお、本書で用いる用語について説明しておきたい。一般的に、戦国大名家の妻妾については、「正室」「側室」の用語が使用されている。しかしこれは、当時の社会を検討するにあたっては不適切である。福田千鶴氏の研究を踏まえれば（『近世武家社会の奥向構造』など）、「側室」の用語は、江戸時代における一夫一妻制の成立をうけて、妾《めかけ》のうち事実妻となったものを表現するものであった。それ以前は一夫多妻制で、妻には「本妻」「別妻」の区別が存在し、それ以外は家臣扱いの妾（女房衆、いわゆる愛人）として存在した。

「正室」の語は、室町時代後期には成立していて、それは上級公家にみられるようになったもので、複数の妻のなかで主婦権を管轄するものについての呼称としてみられるようになったらしい。すなわちこれが「本妻」にあたる。しかし「正室」の語は、江戸時代では「側室」の対義語として用いられ、一般的な使用もその意味で用いられている。したがって、本書では「正室」の用語を使用することはせず、「本妻」にあたる存在については、「正妻」の語で表現することにする。

この正妻の語は、当主との対比、後室との対比で用いることができるが、当主である男性家長との対比においてその地位を表現するにあたっては、後藤みち子氏が室町時代の上級公家についての検討から導き出した、「家」妻という語を用いるのが最も適切と考えられる(『中世公家の家と女性』)。そのため本書においては、男性家長との対比で、家の主婦権を管轄する存在を、「家」妻と表現することにする。

寿桂尼の場合について触れると、氏親と結婚した時は、氏親の正妻ではあったが、今川家の「家」妻ではなかった。当初は氏親母の北川殿が「家」妻の地位にあった。寿桂尼がそれを継承するのは、北川殿の引退によるものであった、という具合になる。したがって正妻と「家」妻は必ずしも一致するわけではなく、その区別は重要な意味を有するものとなる。本書ではその違いにも留意していく。

そして「おんな戦国大名」と俗称される側面については、それが男性家長の代行によるものであることから、これを「おんな家長」と表現するものとする。もちろんその機能は、本文で明らかにするように、家長そのものに一致するわけではなかったが、その代行の側面をそのように表現したい。またそうすることで、戦国大名家の場合に限ることなく、女性による家長権の代行という事態を汎用的に認識することができるようになると考えるからである。

用語についてやや込み入った説明となったが、これは寿桂尼の動向を理解するにあたって、前提となる事柄になる。それらのことを踏まえていただいた上で、これから寿桂尼の生涯について、具体的に辿っていくことにしたい。

なお、本文中において、以下の史料集については略号で表記した。

『戦国遺文　今川氏編』　戦今〜
『戦国遺文　後北条氏編』　戦北〜
『静岡県史　資料編7』　静〜
『静岡県史　資料編8』　静8〜

第一章　今川氏親に嫁ぐ

寿桂尼の呼び名

まずは寿桂尼の呼び名について取り上げよう。寿桂尼という呼び名は、当時のものではなく、後世に使用されるようになった通称である。当時における呼び名を、当時の史料をもとにみていこう。

今川氏親の正妻として存在していた時期には、「南殿《みなみどの》」と称されていた（静六七〇）。これは居所による呼び名であり、おそらくは今川家の駿府《すんぷ》館《やかた》のうち、「南屋敷」に居住していたことによるものと思われる。また氏親の正妻の立場にあったことを示すものとして、「御前様」と称されていた（戦今四一三）。

大永《だいえい》六年（一五二六）の夫・今川氏親の死後は、その後室として、「大上様《おおかみさま》」（戦今五七一）あるいは「大方様《おおかたさま》」（戦今七八三）「御大方《おんおおかた》」（戦今一二〇三）と称されている。その後、出家するが、それが確認されるのは天文《てんぶん》十八年（一五四九）十月になってからのことで、発給文書に「長勝院《ちょうしょういん》」（戦今九一一）あるいは「しゆけい（寿桂）」（戦今九一七）と署名するようになっている。これは出家にともなって、長勝院殿峰林寿桂大姉《ちょうしょういんでんほうりんじゅけいだいし》という法名を称したことによる。また駿府館では「御屋敷」と称される建物に居住していたらしく、そのため「御屋敷」とも称されている。（静二五四二）。

そして永禄《えいろく》元年（一五五八）から同六年の間に駿府館から出て、駿府館近郊の沓谷《くつのや》の竜雲《りゆううん》寺《じ》に隠棲するようになり、そこでは「竜雲寺殿」（戦今二一四〇）あるいは「沓谷の大方」（戦今二一七二）「沓谷の御局」（戦今二四九七）と称されている。

このように寿桂尼は、夫・氏親の生前期には、氏親の正妻として「南殿」「御前様」、氏親の後室として「大上様」「大方様」「御大方」と呼ばれ、さらに出家後は「長勝院」「寿桂」と称していた。そして竜雲寺への隠棲後は、「竜雲寺殿」「沓谷の大方」「沓谷の御局」と称されていたのであった。

寿桂尼像（正林寺蔵、写真提供：静岡市）

しかし、それらの多くは他者からの呼び名であり、寿桂尼の実名《じつみよう》については不明である。現在、一般に通用している「寿桂尼」というのは、法名にもとづくものであり、さらにはそれらをみると当時における呼び名ではないことがわかる。とはいえ自らを法名「寿桂」で称していることからすると、他者が後に「寿桂尼」と呼ぶことはごく自然の成り行きであったといえる。

そのため本書でも、彼女については一般にも通用している「寿桂尼」の名で記していくことにしたい。

寿桂尼の生まれ年

寿桂尼が生まれた年については、現在においても判明していない。それを示す史料が残されていないからである。そのためこれまで、寿桂尼の動向や兄弟姉妹関係などをもとに、生まれ年を推定するという方法がとられている。

寿桂尼について初めて本格的に検討した足立鍬太郎氏は、今川氏親との婚姻を永正《えいしょう》五年（一五〇八）と推測して、その時の年齢を二十歳と仮定し、延徳《えんとく》元年（一四八九）頃の生まれと推測している（「今川氏親と寿桂尼」拙編『今川氏親』所収）。しかし、これは明確な根拠をともなわない単なる推測にすぎなかった。その後では、寿桂尼について本格的な研究をすすめた久保田昌希氏が、氏親との婚姻の年次を、後にみる米原正義氏の推定をうけて永正二年とみたうえで、その時の年齢を十九歳か二十歳と仮定して、文明《ぶんめい》十八年（一四八六）・長享《ちょうきょう》元年（一四八七）頃の生まれと推測している（『戦国大名今川氏と領国支配』）。そして筆者は以前、妹御《お》黒木《くろき》（山科言綱《やましなときつな》妻）が長享元年生まれであることをもとに、その一、二年前のことと仮定して、文明十七年か同十八年頃の生まれとの推測を示している（『北条氏康《うじやす》の妻　瑞渓《ずいけい》院《いん》』『今川氏親と伊勢宗瑞《そうずい》』）。

妹の御黒木が、長享元年生まれであることについては、その養子にあたる山科言継《ときつぐ》が、御黒木の死去について、その日記『言継卿記《ときつぐきょうき》』元亀《げんき》二年（一五七一）八月九日条（静8・三五〇）に、「去々年〈永禄十二〉七月十八日」に「八十三歳」で死去したことを記していることによって確認できる。永禄十二年に八十三歳であったから、逆算すると生年は長享元年となる。そして御黒木が、寿桂尼の妹であったことについては、その山科言継が、「大方」すなわち寿桂尼について、「今川（義元）母・老母（御黒木）姉」と記していることにより確認される（静二四七七）。もっとも、寿桂尼と御黒木が同母姉妹であったのかは確定できない。筆者が寿桂尼の生年について推測した際には、同母姉妹と推定し、そのためそれよりも一、二歳上と推測した。ところが、同母ではなかったとすると、必ずしもそのままにはいかなくなる。

後にあらためて触れるが、弘治《こうじ》二年（一五五六）十月二十六日、御黒木は当時、寿桂尼と同じ屋敷に居住していて、その日、自身の母「西方院聖月《せいほういんせいげつ》」の法事を行っている（静二四〇〇）。しかし、その西方院について山科言継は「御黒木母」とのみ記しているにすぎず、またその法事に寿桂尼が関わった様子はみられていない。寿桂尼と御黒木が同母姉妹であれば、西方院は寿桂尼にとっても母になり、その場合、寿桂尼がその法事に関わらないということは考えられないし、何よりも寿桂尼が主催して当然であったろう。ところが、その法事に関わっていないことから、寿桂尼は西方院の子ではなかったと考えざるをえない。したがって、寿桂尼と御黒木は異母姉妹であったとみなされる。そして、寿桂尼の母については不明ということになる。

　そうすると、寿桂尼の生年の下限は、御黒木が生まれた長享元年とみなされる。その年の生まれと仮定すると、氏親と結婚したと推定される永正二年には、十九歳になる。後にみるように、寿桂尼は遅くても同八年には第一子となる氏親長女・吉良《きら》義堯《よしたか》妻を産んだと推定されるので、その時には二十五歳となる。そして、第五子となる氏親四男・彦五郎を産んだと推定されるのが、同十七年か翌大永元年（一五二一）のことであり、その時には三十四、五歳になる。

　この状況をもとに考えると、寿桂尼の生年は長享元年、もしくはそれに極めて近い時期であったと推測するのが妥当となろう。そうすると、久保田氏が示していた文明十八年、もしくは長享元年とみるのが、最も妥当となる。ここでは御黒木の姉という関係から、仮にそれよりも一歳ほど上とみて、文明十八年と仮定しておきたいと思う。

父・中御門宣胤

寿桂尼の父は、公家の中御門宣胤という人物である。中御門家は、藤原氏北家《ほっけ》勧修寺《かじゅうじ》家の庶流にあたり、公家の家格では「羽林家《うりんけ》」に位置し、大納言の官職まで昇進することができる中級の公家であった。宣胤は嘉吉《かきつ》二年（一四四二）の生まれで、妻は同じ実務派公家の甘露寺親長《かんろじちかなが》の娘である。文明元年（一四六九）に嫡男宣秀《のぶひで》が、同十年に次男で同じく公家・四条隆量《しじょうたかかず》の養子となる四条隆永《たかなが》が生まれている。

寿桂尼が生まれたと推測される同十八年には、宣胤は四十五歳になっていた。その時、従《じゅ》二位《にい》・権中納言《ごんちゅうなごん》の地位にあり、翌長享元年に極官となる権大納言に昇進している。その後は延徳二年（一四九〇）に正二位に昇進、永正八年（一五一一）に従一位に昇進し、その年に官職を辞して出家し、法名乗光《じょうこう》を称した。そして大永五年（一五二五）十一月十七日に八十四歳の長命で死去している。

宣胤は、天皇については後花園《ごはなぞの》天皇・後土御門《ごつちみかど》天皇・後柏原《ごかしわばら》天皇の三代に仕え、室町幕府将軍については、足利義政《よしまさ》・義尚《よしひさ》・義稙《よしたね》・義澄《よしずみ》の四代に仕えるものとなっている。書道・和歌に秀でていて、公家文化人として当代一流の立場にあった三条西実隆《さんじょうにしさねたか》との交流も盛んだ

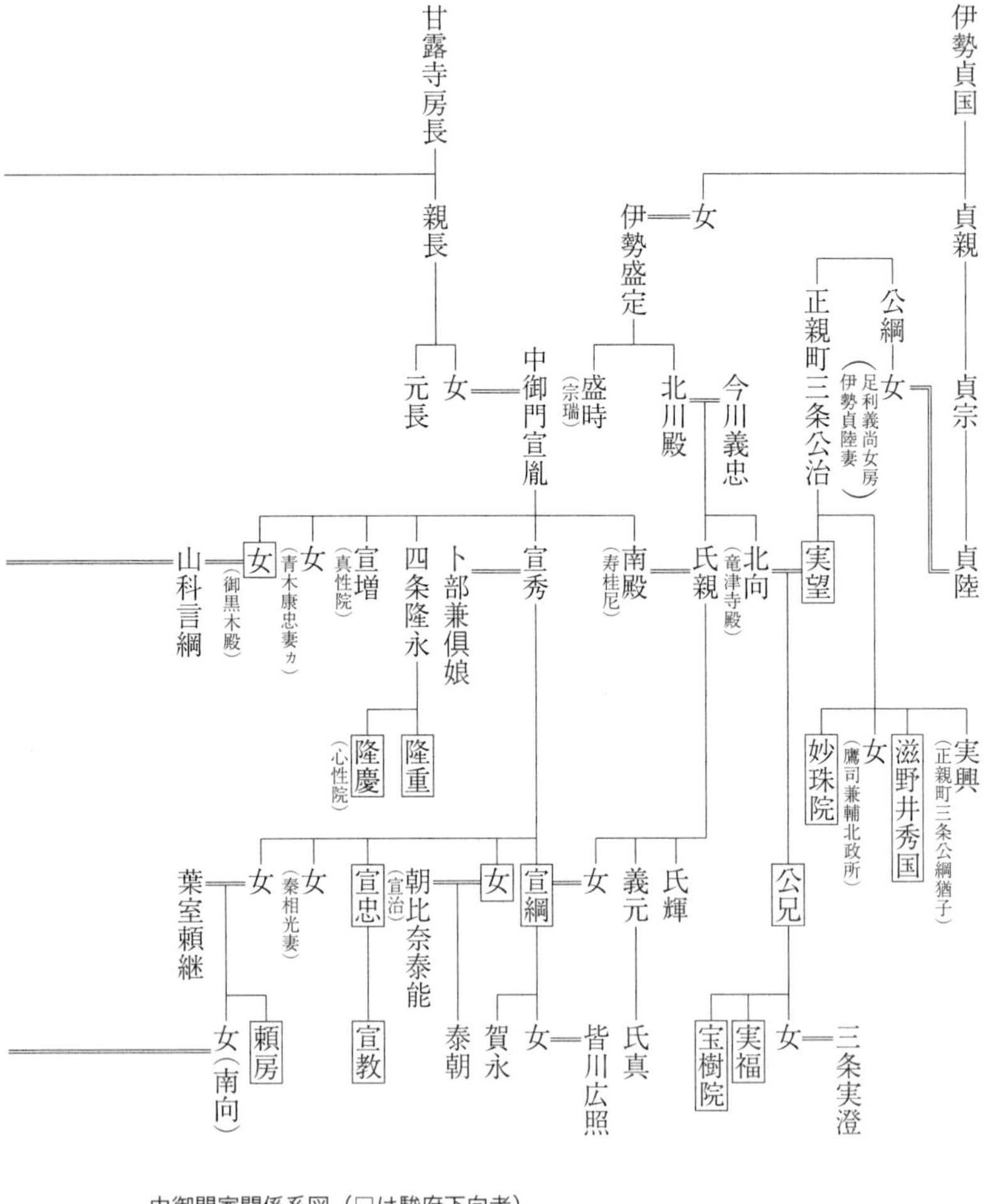

中御門家関係系図（□は駿府下向者）

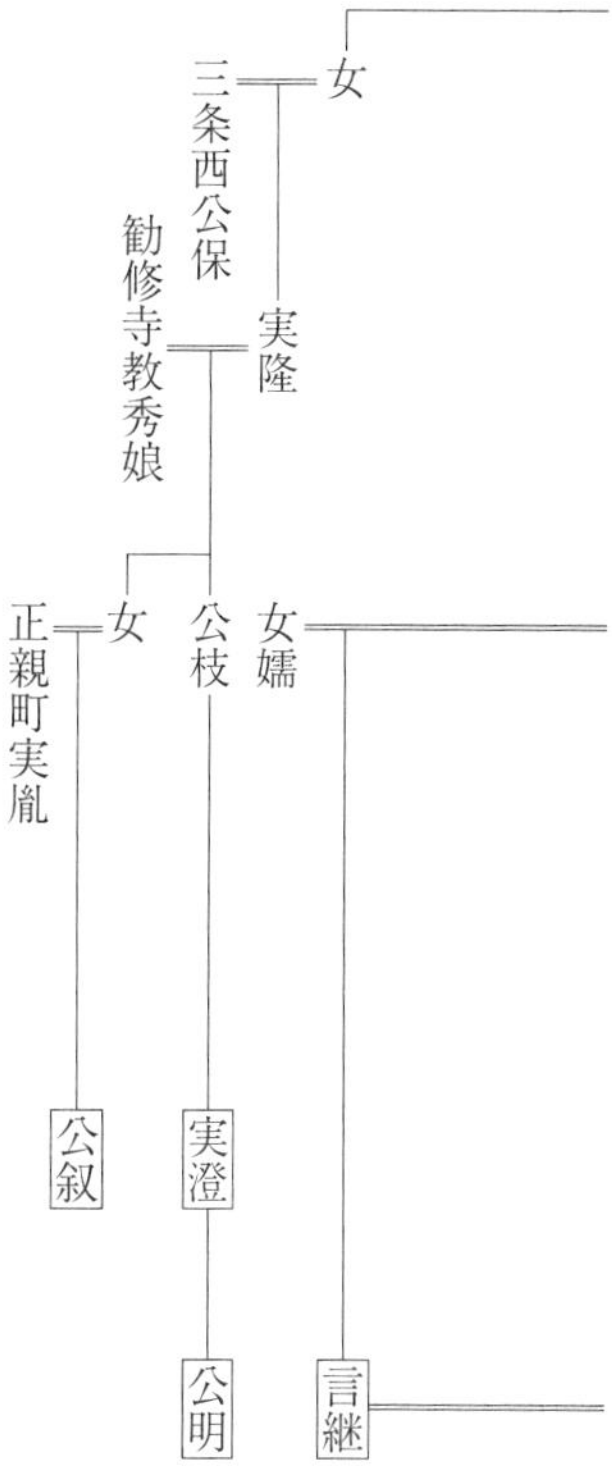

った。このことが、寿桂尼と結婚した今川氏親に、三条西実隆との交流をもたらすことになり、ひいては戦国時代の「三大地方文化」と称されるようになる駿府・今川文化の興隆をもたらすものとなっていくのである。

兄・中御門宣秀

中御門宣胤の嫡男で、寿桂尼には兄にあたる中御門宣秀は、文明元年（一四六九）の生まれであったから、寿桂尼よりも十七歳ほども年長であった。当然ながら、寿桂尼には異母兄であったろう。同十五年に十五歳で五位・蔵人《くろうど》に叙位・任官され、明応《めいおう》八年（一四九九）には参議に昇進、文亀《ぶんき》元年（一五〇一）に従三位に昇進して公卿になっている。そして永正元年（一五〇四）に権中納言に、同二年に正三位に、同十一年に従二位に、同十四年に正二位に昇進し、同十五年に極官の権大納言に昇進している。

妻は公家・卜部《うらべ》兼倶《かねとも》の娘で、永正八年（一五一一）に長男宣綱《のぶつな》が、同十四年に次男宣治《のぶはる》（のち宣忠《のぶただ》）が生まれている。その他に、公家の葉室頼継《はむろよりつぐ》妻となった娘、文亀三年（一五〇三）生まれで氏親の家老朝比奈《あさひな》泰能《やすよし》妻となった娘、京都松尾社神主秦相光《はたしようこう》妻となった娘の存在が確認されている。このうち朝比奈泰能妻は、長男宣綱よりも八歳も年長にあたっていたので、おそらくは庶出であったであろう。

宣秀は、永正十五年二月の時点で、妹の寿桂尼がいる駿府に下向《げこう》していることが確認される（静六八〇）。その前後に官位の昇進があるので、下向は一時的なものであったようである。そして父宣胤が死去する直前となる大永五年（一五二五）十一月九日に官職を辞している。そして同七年四月二十三日に、長男宣綱とともに、再び駿府に下向している（静九六四〜八）。宣綱はこの時、十七歳であり、その後、寿桂尼が産んだ氏親次女を妻に迎えることになるが、婚姻はその頃のことであろうと思われる。宣秀はまる二年にわたる駿府滞在の後、享禄《きようろく》二年（一五二九）四月二十六日に帰京した（静一〇三七）。そして、同四年七月九日に六十三歳で死去している。

なお、当初は長男の宣綱が嫡男であったとみられ、九歳の時の永正十六年に元服し、右衛《え》門佐《もんのすけ》に任官され、大永五年には左少弁《さしようべん》の地位にあった。ところが、同七年に駿府に下向した後は、むしろ駿府での在住が中心になり、官位の昇進の際に帰京するという状況になっていった。次男宣治も同様、駿府と京都とを往復するような状況にあったようであるが、天文十三年（一五四四）十二月十日に帰京した後は（静一七一四）、駿府に下向することなく在京を続けた。そして翌年、参議に昇進、同十五年に権中納言、同二十一年に極官の権大納言に昇進して、中御門家の当主になっている。しかし、弘治二年（一五五五）七月に三十九歳で死去している。これをうけて、宣綱が権中納言に昇進することになるが、宣綱については後にあらためて触れることにしたい。

その他の兄弟

兄宣秀以外の、寿桂尼の兄弟姉妹についてみていくことにしよう。

次兄の四条隆永は、宣秀よりも九歳年少、寿桂尼よりも八歳ほど年長の文明十年（一四七八）生まれで、やはり寿桂尼には異母兄であったとみなされる。四条家は、藤原氏北家魚名《うおな》流の嫡流家で、中御門家と同じく公家としての家格は「羽林家」に位置していた。中御門家と四条家は、同格にあたっていた。四条隆量に嗣子がなかったため、その娘の婿養子となり、六歳の時の同十五年に元服している。養父隆量が文亀三年（一五〇三）に死去すると、四条家の当主になり、大永七年（一五二七）に極官の権大納言に昇進している。そして天文七年（一五三八）に六十一歳で死去している。

もう一人の兄が、僧侶となった真性院宣増《しんしょういんせんぞう》である。大永七年四月二十三日に、兄宣秀・宣綱父子らとともに、駿府に下向している（静九六六・八）。同年十月十二日に帰京し（静九八八）、その後、再び駿府に下向して天文三年（一五三四）四月二十六日に帰京している（静一二七四）。そして三《み》度《たび》、駿府に下向して、同二十一年五月二十一日の駿府滞在が確認されている（静二一二八）。

さらに、足立鍬太郎氏は「建穂寺《たきようじ》編年」をもとに、駿府とは安倍川を挟んだ服織《はとり》庄（静岡市）に所在する古代以来の名刹となる建穂寺の院主（住持）となっていたことを指摘している。これについては米原正義氏も、他の史料を傍証にその可能性を承認している（『戦国武士と文芸の研究』）。ちなみに、その後嗣は四条隆永の子隆慶《りゅうけい》で、宣増と同じく「心性院」を称し、米原氏によって、享禄三年（一五三〇）十月十六日に三条西実隆から駿河《するが》に書状を送るにあたって派遣されたことが指摘されている（静一〇八九）。

このように、宣増・隆慶がともに建穂寺の院主になっていたとすれば、宣増は寿桂尼の兄、隆慶は寿桂尼の甥にあたっていたから、いずれも寿桂尼との関係から駿府近郊の有力寺院に入寺することになったとみてよいであろう。

寿桂尼の姉妹たち

寿桂尼の姉妹についてては、姉とみられるものに「越前息女」があったと推定される。そして妹としては、先にも触れている、山科言綱妻の御黒木が確認される。ただし、母がわかるのは御黒木だけで、彼女が西方院聖月の子であること以外は不明である。また、寿桂尼と「越前息女」が同母であったのかどうかもわからない。現在のところでは、寿桂尼は姉と妹が一人ずつあり、寿桂尼は次女であったと考えられる。

なおその他に、有光友學氏は「今川氏親をめぐる系図」において、中御門宣胤の娘として、「阿茶々《あちやちや》（足利義高《よしたか》側室）」をあげている（「遠駿豆の戦国時代と氏親の登場」『静岡県史通史編２』）。これについては若干の検討が必要になる。将軍足利義澄（前名義遐《よしとお》・義高）の女房衆に阿茶々がいたことは確かであるが、彼女について家永遵嗣氏は、正親町三条《おおぎまちさんじょう》実望《さねもち》の姉妹に比定している（『室町幕府将軍権力の研究』「明応二年の政変と伊勢宗瑞（北条早雲）の人脈」）。しかし、足利将軍家の女房衆を網羅的に検出している羽田聡氏は、彼女の出自を未詳としている（「室町幕府女房の基礎的考察」木下昌規編『足利義晴』所収）。

このように、阿茶々の出自についてては見解が一致していない。そもそも有光氏がどのような理由から阿茶々を中御門宣胤娘と判断したのか、その理由は不明である。拙著『今川氏親と伊勢宗瑞』では、その見解を採用していたが、それは検討し直す必要が認められる。有光氏の推定の根拠は不明ながらも、中御門宣胤関係でみていくと、後にあらためて取り上げるが、永正十四年（一五一七）・同十五年に、中御門宣胤から書状を今川氏親・寿桂尼とともに送られ、また氏親・寿桂尼とともに進物を宣胤に送っている人物に「阿茶々」がいる（静六七〇・六八〇）。しかしその立場は、寿桂尼の老女とみるのが適切であり、足利義澄女房の阿茶々とは別人と考えられる。

また、「越前息女」については明確にならない。永正十四年十二月に宣胤は、子の真性院宣増から自身と家族の分の当年星《とうねんじょう》の護符を受け取っているが、その家族のなかに「越前息女」があげられていて、しかも「駿河息女」すなわち寿桂尼よりも前にその名があげられていることから、寿桂尼の姉にあたる存在と推測される（静六七二）。「越前息女」とあるから、その時に越前に在住しており、同地に居住する誰かの妻であったことが推測される。この時期、宣胤は越前国主の朝倉家と親密な関係を持っていた様子がみられるので、朝倉家に関係している可能性が想定される。そうしたところ近時、浜口誠至氏により朝倉家重臣の青木康《あおきやす》忠《ただ》の妻に比定する見解が出された（「中御門宣胤と武家」戦国史研究会編『論集 戦国大名今川氏』所収）。その可能性は高いと考えられる。

そして、妹の御黒木は山科言綱の妻である。先に触れたように長享元年（一四八七）の生まれで、寿桂尼とほぼ同年齢と推測される。山科家は、藤原氏北家四条流の庶流で、公家としての家格は、中御門家と同じ「羽林家」に位置していた。言綱は文明十八年（一四八六）生まれで、従二位・権大納言の官位に達し、享禄三年（一五三〇）九月十二日に四十五歳で死去している。

御黒木は、その後は山科家の後室として、言綱の嫡男言継には養母として存在していたが、六十七歳となった天文二十二年（一五五三）四月九日、姉の寿桂尼を頼るかたちで駿府に下向し、以後は駿府での居住を続けた。永禄十一年（一五六八）十二月の今川家の駿府没落後も、その時の当主・今川氏真《うじざね》と行《こう》をともにして、翌同十二年七月十八日、おそらくは氏真が在城していた駿河大平《おおひら》城（沼津市）で死去した。八十三歳という長命であった。これは寿桂尼の死去からわずか一年後のことであったから、寿桂尼と御黒木の姉妹は、ほぼ同じ人生の長さを生きたかたちになっている。

こうしてみると、寿桂尼の親族のうち、兄の真性院宣増、妹の御黒木、兄宣秀の子の中御門宣綱・宣治兄弟と朝比奈泰能妻、兄四条隆永の子の心性院隆慶といったように、実に多くが寿桂尼を頼って駿府で居住するようになっていたことがわかる。寿桂尼が実家の中御門家に連なる人々の多くを庇護する役割を果たしていたとみることができよう。

夫・今川氏親

次に、夫となる今川氏親について述べていこう。氏親はいうまでもなく、戦国大名今川家の初代にあたる人物である。なお氏親の事績については、拙著『今川氏親と伊勢宗瑞』でくわしく取り上げているので、詳細についてはそちらを参照いただきたい。

氏親は、駿河国守護・今川義忠《よしただ》の嫡男で、文明五年（一四七三）の生まれである。寿桂尼よりもおよそ十三歳ほども年長にあたっている。母は、室町幕府奉公衆・伊勢《いせ》盛定《もりさだ》の娘で、戦国大名北条家の初代である伊勢宗瑞《そうずい》（実名は盛時《もりとき》）の姉にあたる、北川殿である。伊勢氏の本宗家は、室町幕府政所頭人《まんどころとうにん》を歴任する伊勢伊勢守《いせのかみ》家で、盛定はその娘婿として、本宗家の有力一族として存在し、今川家への取次を務めていた。そうした関係から、娘が義忠に嫁したのであった（家永遵嗣「伊勢宗瑞（北条早雲）の出自について」拙編『伊勢宗瑞』所収）。なお、氏親の生年については、かつては文明三年とされていたが、大塚勲氏により同五年であることが明らかになっている（『戦国大名今川氏四代』）。幼名を竜王丸《たつおうまる》といった。

今川家は義忠の時期に、康正《こうしょう》元年（一四五五）に始まる享徳《きょうとく》の乱にともなって駿河の領国化をすすめ、応仁《おうにん》元年（一四六七）に始まる応仁の乱にともなって遠江《とおとうみ》の領国化をすすめ

今川氏親像（増善寺蔵、写真提供：静岡市）

ていき、早くも戦国大名への道を歩むようになっていた。ところが、文明八年（一四七六）に義忠が遠江で戦死し、それによって家督をめぐる内乱が生じた。氏親は嫡男であったがわずか四歳にすぎず、そのため義忠の従弟にあたる有力一門の今川小《お》鹿《しか》範満《のりみつ》を擁立する勢力との間で争いとなり、それを伊豆国主の堀越《ほりごえ》公方《くぼう》足利政知《まさとも》と相模国守護の扇谷《おうぎがやつ》上杉定正《さだまさ》が支援したため、範満が家督を継ぐことになった。それにともない、氏親は閑居に追い込まれた。

　範満の家督継承は、後の今川家では、氏親が十五歳の成人を迎えるまでの「名代《みょうだい》」であった、ということになっているが、当時、実際にそうした取り決めが本当にされたかどうかはわからない。ただし、それから三年後の同十一年に「室町殿」（足利将軍家の家長）足利義政から竜王丸（氏親）に、義忠の家督継承を認める御判御教書《ごはんのみぎょうしょ》が出されている（戦今五五）。これは、氏親の姻戚にあたる伊勢家の尽力によって獲得されたものと推測されているが、こうしたものを獲得したということは、氏親の側では、範満を「名代」ととらえていたことを示しているともいえよう。

同十八年(一四八六)に、扇谷上杉家の家宰《かさい》・太田道灌《おおたどうかん》が主人の上杉定正によって誅殺された。太田道灌はかつて今川家の内乱において、範満支援のために実際に駿河まで出陣してきた人物であった。すなわち、範満支持の太田道灌が死去したのである。さらに、関東では翌長享元年(一四八七)から、山内上杉家と扇谷上杉家の抗争である長享の乱が展開されることになる。

その長享元年は、氏親がちょうど十五歳を迎えた年であった。範満が「名代」であったとすれば、家督を氏親に譲り渡すべき年にあたった。しかし、すでに一〇年以上にわたって今川家の家督として存在してきた範満には、仮にそのような取り決めがあったとしても、それを守ることはなかったと考えられる。そうして同年十月には、叔父の伊勢盛時(宗瑞)が京都から駿河に下ってきて、氏親支持派は蜂起し、氏親を今川家当主に擁立した(戦今六五)。そして同年十一月に範満を死去させている。すなわち、これは氏親派によるクーデターであった。盛時らは、関東で長享の乱が展開されそうななか、関東勢力の介入がないことを見越しての決起であった。

戦国大名今川家の誕生

氏親はこのクーデターによって今川家当主になるが、居所は従来の今川家が守護館を置いていた駿府ではなく、駿府とは安倍川を挟んだ対岸に位置する山東地域の丸子《まりこ》（静岡市）に新館を構築した。これは、いまだ駿府以東の地域の制圧を遂げていなかったことによると推測される。また氏親は依然として元服前であったため、以後しばらくは叔父の伊勢盛時（宗瑞）が家宰的な立場について、氏親の後見として、政務を展開していくことになる。

氏親自身は、十九歳になった延徳三年（一四九一）五月まで幼名のままで、さらに二十二歳の明応三年（一四九四）九月まで、文書発給には黒印を使用している。これはまだ元服前で、花押《かおう》を持っていなかったことをうかがわせる。そして、元服して仮名五郎《けみょう》、実名氏親が確認されるのは、二十三歳になった同四年九月となる。氏親の元服は、二十二歳から二十三歳頃に行われたことになるが、これは当時の慣習からすると、あまりにも遅すぎる。ただし、残された史料をみる限りはそのように理解せざるをえない。

そこには当然、そうなる理由があったことになるが、それについてはいまだに不明である。氏親は晩年に鬱《うつ》病に罹《かか》っていたらしいことからすると、もともと精神的に不安定であったか、身体的に丈夫ではなかったか、といったことがあったかもしれない。ちなみに、元服にともなって名乗った「氏」字は、鎌倉時代における今川氏、さらにはその惣領家にあたる足利氏の通字《とおりじ》であった。そして元服と同じ頃に本拠を、丸子館から伝統的な今川家の本拠であった駿府に移している。すでに駿河一国の領国化を遂げていたこと、この年から後見を務めていた叔父の伊勢宗瑞が、伊豆韮山《にらやま》城（伊豆の国市）を本拠にするようになったことをうけてのことであろう。

また氏親は、明応元年から甲斐の内乱への介入をすすめ、同二年からは叔父宗瑞が中心になって伊豆経略がすすめられ、さらにその宗瑞を大将にして、同三年からは遠江経略を本格化させている。同五年からは氏親自らが総大将となって出陣するようになっている。そうして文亀二年（一五〇二）頃には、遠江の一応の制圧を遂げて、永正元年（一五〇四）には一国の領国化を遂げた。寿桂尼との結婚は、その翌年のことと推定されるので、それはちょうど遠江の領国化を遂げて、駿河・遠江二ヶ国の戦国大名としての地位を確立したことをうけてのことになる。そして同三年からは、さらに西進して、三河経略をすすめていった。

続いて同五年（一五〇八）には、室町幕府将軍足利義尹《よしただ》（のち義稙）から遠江国守護職に補任《ぶにん》されている（戦今二一五）。すでに氏親は、家督継承以前に駿河国守護に補任されていて、室町幕府の政治秩序のなかに正当に位置づけられていたとみられるが、ここに遠江領国化についても公認されたことになる。さらに、同七年三月から同八年四月までの間に、従五位下・修理大夫《しゅりのだいぶ》に叙任されている。ここに氏親は、有力戦国大名の家格を獲得したのであった。なお、氏親がさらに従四位下の位階を与えられて、幕府相伴衆《しょうばんしゅう》の家格も認められたのかどうかは現在のところ、確認されていない。

その後では、永正十二年（一五一五）から甲斐武田信直《のぶなお》（のち信虎《のぶとら》）とその対抗勢力による甲斐の内乱への介入を本格的に展開、また同十四年には、元遠江守護家の尾張斯波《しば》家から反撃をうけていた遠江の確保を遂げている。しかし、この時の遠江進軍が氏親自身の出陣としては最後になっている。この頃から氏親は、気分が中風のようになったというから（「宗長日記」）、すなわち鬱病に罹るようになったらしい。そのため以後の軍事行動は、すべて一門・家老を総大将としたものとなった。大永元年（一五二一）には甲斐に大規模に侵攻したが敗北している。

同四年から眼病に罹り、そのためか出家して法名「紹僖《しょうき》」を名乗っている。同六年四月十四日には、東国大名としては最初になる分国法を制定している。その分国法は「今川仮名目録《いまがわかなもくろく》」と称され、領国支配におけるさまざまな裁定基準をまとめたものになる。内容は実に多岐にわたるものとなっているが、そこから氏親が構築した領国支配の仕組みが、かなり整備されたものであったことがうかがえる。しかも、その内容は後に、甲斐武田家には「甲州《こうしゅう》法度之次第《はっとのしだい》」という分国法に直接に影響を与え、また北条家にも個々の施策において多くの影響をおよぼしている。つまり、氏親の領国支配は、この時代において最も先進的なものであったといえ、周囲の後発の戦国大名は、それを吸収しながら領国支配を確立させていった、という状況であった。

そして、氏親は「仮名目録」制定からわずか二ヶ月後、大永六年六月二十三日に死去した。享年は五十四。法名は増善寺《ぞうぜんじ》殿喬山紹僖大禅定門《でんきょうざんしょうきだいぜんじょうもん》とおくられ、菩提寺として駿府近郊で安倍川対岸の椎尾《しいのお》に増善寺が建立された。

姑・北川殿

続いて氏親の家族である、その母の北川殿と姉の正親町三条実望妻（竜津寺《りゅうしんじ》殿）について述べることにしよう。まずは寿桂尼の姑となる北川殿について取り上げる。

北川殿は、室町幕府奉公衆・伊勢盛定の長女とみられる。母は伊勢氏本宗家当主で室町幕府政所頭人の伊勢貞国《さだくに》の娘で、同母の兄弟として、兄に貞興《さだおき》、弟に盛時（宗瑞）があったと推定される。生年は判明していないが、弟の盛時が康正二年（一四五六）生まれであることから（拙著『戦国大名・伊勢宗瑞』など）、その二年ほど前の享徳三年（一四五四）頃の生まれと推測される。さらに兄貞興の生まれはその二年ほど前の享徳元年頃と推測され、それはちょうど盛定が、伊勢氏本宗家の一族として、その政治活動が確認される時期にあたっている。

盛定は、伊勢氏庶流の備中伊勢氏のそのまた庶家であったが、そのように本宗家の娘婿となることで、幕府での政治活動を展開するようになったとみなされる。なお、盛定の生年・没年ともに判明していないが、本領である備中荏原《えばら》郷に所在する菩提寺の法泉寺《ほうせんじ》（岡山県井原市）の寺伝に、没年について、永正四年（一五〇七）九月二十日死去、法名華《け》光院殿《こういんでん》静庵《じょうあん》鎮公《ちんこう》（宗鎮か）大居士とある。生前の活動時期を踏まえれば、八十歳を超えていたとみなされる。そのため、江戸時代中期から宗瑞の没年齢として伝承された八十八歳は、実は盛定のそれであった可能性が指摘され、その場合、盛定の生年は応永《おうえい》二十七年（一四二〇）と推定されている（渡部祐子「備中伊勢氏」『井原市史Ⅰ』古代中世編第三章第二節）。これはちょうど盛定の活動から推定される生年の時期に合致するから、その可能性はかなり高いと思われる。

盛定は、伊勢氏本宗家のもとで、駿河今川義忠への取次を務めており、その関係から、北川殿が義忠と結婚することになったと考えられる。その時期については明確ではないが、文明三年（一四七一）頃に、長女・三条実望妻（竜津寺殿）が生まれたと推定されるので、その年以前のこととみなされる。応仁元年（一四六七）の応仁の乱勃発後、駿河でも戦乱が展開され、義忠はその制圧をすすめていた。江戸時代前期成立の今川家を主題にした軍記物語である「今川記（富麓記《ふろくき》）」（『続群書類従』所収）は、応仁二年末の東西幕府成立頃に、義忠が上洛し、その際に結婚が成立したと記している。このことを検証することはできないが、駿河で戦乱が展開しているなかでの上洛は想定しがたいように思う。ただし、結婚の時期としては、問題はないと考えられる。

今川義忠との結婚が応仁二年とすれば、北川殿はまだ十五歳くらいにすぎなかったことになる。そして、文明三年頃に長女を産んだ時は十八歳くらい、同五年に嫡男氏親を産んだのは二十歳くらいになる。しかし、義忠はそれから三年後の同八年（一四七六）に遠江で戦死してしまい、氏親はわずか四歳にすぎなかったため、今川氏の家督をめぐって内乱が生じ、氏親派は敗北して、義忠従弟の今川小鹿範満が今川氏当主となった。北川殿にしてもまだ二十三歳くらいにすぎなかった。

「今川家譜」（『続群書類従』所収）「今川記（富麓記）」などは、敗北した北川殿・氏親ら母子は、山西《さんせい》地域の小川《こがわ》（焼津市）に隠棲したと伝えている。しかし、このことを他の史料から検証することはできない。氏親がクーデターを起こす長享元年（一四八七）まで、そのまま一〇年にわたって同地で隠棲していたということもありえなくはないであろうが、範満方との抗争などがみられないことからすると、考えがたいように思われる。それよりもむしろ、京都の実家に戻った可能性の方が高いように思われる。ちなみにその場合、父盛定の活動は文明六年が最後であり、同十年からは盛時が当主になっていると判断されるので、北川殿は弟盛時の庇護をうけたことになろう。

敗北から三年後の文明十一年（一四七九）、「室町殿」足利義政から氏親（竜王丸）に義忠遺跡相続の御教書を獲得するが、これは伊勢氏本宗家の伊勢貞陸《さだみち》（従兄貞宗の子）や実弟の盛時の尽力によるものと推測され、それは北川殿母子が京都に在住していたからとみたほうが整合的と思われる。さらに長享元年正月に、長女を正親町三条実望と結婚させるが、やはりこれも、この時に駿河から上洛したとみるよりは、基本的に京都に在住していたとみたほうが妥当なように思われる。この時期、北川殿母子が小川で隠棲を続けていたのか、それとも京都に戻って実家で生活していたのかにより、それらの行動の意味づけも変わる。現時点ではいずれであったのか断定できないが、今後において解決されることを期待したい。

「大上様」から「北川殿」へ

いずれにしろ長享元年（一四八七）十一月に、氏親がクーデターによって今川小鹿範満を滅ぼし、今川氏当主の地位を確保した。かりにそれまで京都に在住していたとすれば、北川殿母子はこの時に駿河に下向したのであろう。そして数年のうちに範満派を追討して駿河の大部分の領国化を果たし、戦国大名今川家を興した。北川殿は、前代義忠の後室として、氏親の生母として、「大上様」と称されて、氏親を補佐したとみなされる。氏親は十五歳を過ぎていたものの、いまだ元服前であった。そのため、北川殿の弟宗瑞が後見役として、軍事・行政にわたって補佐したとみなされるが、北川殿もまた、補佐にあたったと思われる。

もっとも、北川殿の動向を伝える史料は多くない。確実な史料での初見は、文亀元年（一五〇一）九月、所領であった駿河駿東《すんとう》郡沼津郷（沼津市）の沼津道場（西光寺）に、家臣乗《じょう》玄《げん》によって寺領を寄進し、同所についての検地（課税額算定のための土地調査）に基づいた坪《つぼ》付注文《つけちゆうもん》（リスト）を与えていることである（戦今一四三〜四）。寺領寄進は「大上様上意」と記されていて、これが北川殿の命令によることがわかる。沼津郷は北川殿の所領とされていて、代官はその後に弟の宗瑞が務めていた（戦今二七六）。また駿東郡にはこの沼津郷の他に、沢田郷（戦今四六五）と大平郷（戦今八七五）も所領とされていた。

永正元年（一五〇四）八月二十日には、寿桂尼の父である中御門宣胤から進物として杉原《すぎはら》紙《がみ》二〇帖・帯一〇筋が贈られている（静三六一）。これは翌年に控えた氏親と寿桂尼の結婚に備えた両家の交流のなかでのもので、北川殿については「母方」と記されている。また、同四年前後のものと推定されている、重臣の福島範能《くしまのりよし》と福島親助《ちかすけ》が遠江浜名神戸《かんべ》（浜松市）の幡教寺《ばんきょうじ》（大福寺）に宛てた書状に、同寺から「御屋形様（氏親）」と「大方」「大上様」（北川殿）に、歳暮の巻数《かんず》と納豆が進上されたことが記されている（戦今二〇四・二九〇）。これは、北川殿が当主氏親と同等に贈答の対象になっていたことを示している。そして同八年六月には、駿河安東《あんどう》庄熊野宮（静岡市）の修造にあたって、五貫文の費用を支出し、それには「大上様より」と記されている（静三三九）。

その後、同十六年八月になると、「北川殿」と称されるようになっている（戦今三三四）。これは彼女が、駿府館から退去して、同所北方の安倍川支流の北川の畔に住居を構えたことに因んでいる（現在の臨済寺）。北川殿の駿府館退去は、「大上様」として今川家の奥向きを取り仕切っていた「家」妻の立場からの引退を意味し、すなわちその役割が氏親正妻の寿桂尼に引き継がれたことを意味している。退去の時期はその間のことと推測されるにすぎないが、ちょうどその頃には、寿桂尼は嫡男氏輝をはじめ、すでに数人の子どもを産んでいることからすると、そのようなことが契機となっていたことが推測される。

その後の北川殿は、まさに引退の状態にあったといえ、大永六年（一五二六）二月九日に、氏親に重用された連歌師の柴屋軒宗長《さいおくけんそうちょう》から上洛にあたっての暇乞いの訪問をうけていることが知られるにすぎない（静九〇四）。氏親が死去したのは、それからわずか四ヶ月後のことであった。そして、それから三年後の享禄二年（一五二九）五月二十六日に、北川殿も死去するのであった。享年は七十六くらいとみなされる。法名は得願寺《とくがんじ》殿慈雲《でんじうん》心月《しんげつ》（のち妙愛）

大姉とおくられ、駿府近郊で安倍川対岸の向敷地《むこうしきじ》に菩提寺として得願寺（現在の徳願寺）が建立された。その場所は、かつて氏親の最初の本拠であった丸子の北方に位置し、さらに北方の藁科川《わらしな》を挟んで氏親の菩提寺・増善寺が位置するものとなっている。氏親と所縁の深い場所が選択されたように思われる。

北川殿の動向を伝える史料は、以上のように極めて少数にすぎない。しかしながら氏親の母、伊勢宗瑞の姉という立場から、氏親の戦国大名化を実現し、そのために弟宗瑞を東国に下向させて、ひいては独立した戦国大名家を興させるというように、まさに今川家と北条家の二つの戦国大名家を生み出した「ゴッドマザー」に他ならなかった。寿桂尼が、今川家の「大方様」として存在していくにあたって、直接の手本となったことは間違いないであろう。

小姑・三条実望妻

氏親の兄弟姉妹として、確実に確認されるのは、その姉となる三条実望妻（竜津寺殿）のみになる。江戸時代成立の系図史料には、氏親の弟として「惣持院心範《そうじいんしんはん》」をあげているものがみられる（「浅羽本《あざばぼん》系図」など）。しかしながら、それよりも良質とみなされる系図史料（「土佐国《とさのくにと》蠧簡《かんしゅう》集残編」所収「今川系図」〈拙著『北条氏康の妻　瑞渓院』三四頁〉など）にはみられないことから、事実とみるには問題がある。当時の史料によって検証されるまでは、誤伝とみておくのが妥当である。したがって氏親には、三条実望妻以外の兄弟姉妹はいなかったとみておく。

長享元年（一四八七）正月五日に、近江坂本（滋賀県大津市）で公家の正親町三条実望と結婚した（『実隆公記』続群書類従完成会刊本）。彼女が文明三年頃の生まれとすれば、十七歳くらいであった。夫の三条実望は、寛正《かんしょう》四年（一四六三）生まれで、この時は二十五歳であった。正親町三条家は、藤原氏北家閑院《かんいん》流の三条家庶流にあたり、公家としての家格は「大臣家」に位置し、大納言から近衛大将を経ないで内大臣に昇進でき、極官を太政大臣とする上級の公家であった。

今川家の娘が、しかも当時は当主が不在というなかで、上級公家の正親町三条家と結婚していることについては、それなりの背景が存在していたとみなされる。それについては、早くに米原正義氏が、それが北川殿の意向によるものであること、そして当時における正親町三条家と伊勢氏本宗家との密接な人脈によるものであることを指摘している（『戦国武士と文芸の研究』）。さらに家永遵嗣氏は、将軍足利義尚と正親町三条家との密接な人脈を加味して、足利義尚と伊勢氏本宗家の関係形成という文脈のなかで位置づけている（『室町幕府将軍権力の研究』）。

具体的には、北川殿には従兄の子にあたる伊勢氏本宗家当主の伊勢貞陸が、正親町三条実望の父公治《きんはる》の兄にあたる公綱《きんつな》の娘を妻にしていた。しかもその女性は、家永氏の研究によれば、それ以前は足利義尚の女房衆であった。文明十三年（一四八一）に義尚と仲違いして義尚母の日野《ひの》富子《とみこ》から処罰され、以後は正親町三条家惣領の公治の庇護をうけたという。公治の兄公綱がすでに死去していたためとみられている。公綱・公治の父実雅《さねまさ》は、かつて将軍足利義教《よしのり》の妻の兄として、その有力側近として位置し、その立場は義教の子義政の時代にも続いていた。そしてこの時期には、公治が足利義尚の有力側近の立場に位置するようになっていたという。また同十六年から、伊勢貞陸が正親町三条家に盛んに出入りするようになり、おそらくはその頃に伊勢貞陸と三条公綱娘の結婚が行われたとみられ、さらには公治の娘が足利義尚の女房衆となっていたという（ただしこの女性については、羽田聡氏の研究では取り上げられていない。公綱娘と同一視されたのかもしれない）。

これらの人脈の在り方をみると、氏親姉と三条実望の結婚は、足利義尚・三条公治・伊勢貞陸の連携のもと、むしろそれらの関係強化のために行われたことがうかがわれる。貞陸は三条実望と同じく寛正四年生まれであった。これに関連して、「今川家瀬名家記」（中之島図書館所蔵）所収「三条系図」に興味深い記載がみられる。公綱の娘の「伊勢伊勢守貞陸妻」について、「北川殿養母」と記しているのである。もっとも、北川殿のほうが伊勢貞陸よりも年長なので、これが誤記であることは明らかであろう。おそらく、これは北川殿の娘が伊勢貞陸妻の養女となって、三条実望の妻になったことを伝えるものではないかと考えられる。

まだ二十五歳の伊勢貞陸には、同年齢の三条実望に嫁がせる娘がいなかったため、北川殿の娘を養女にしたのかもしれない。それが貞陸側の意向であったのか、あるいはそれに乗じて北川殿や盛時が積極的に関与していったのかはわからないが、結果としてこの結婚が、今川家と京都政界との繫がりを構築する大きな要素となるのであった。今川家が正親町三条家と姻戚関係となったことで、正親町三条家の人脈がその後の今川家に大きな効用をもたらすのであった。

三条実望妻と今川家の交流

三条実望妻は、その正妻としての立場から、その後は「北向《きたむき》」と称されるようになっている。また、明応三年（一四九四）には嫡男の公兄《きんえ》を産んでおり、正親町三条家の正妻の地位を確固たるものにしている。

彼女と実家の今川家の関係で注目されるのは、文亀元年（一五〇一）五月に駿河に下向していることである（静二九〇）。氏親とともに三保《みほ》（静岡市）を見物しており、そこでは「京都三条殿御台」と表記されている。彼女にとっては最初の里帰りであったろう。とはいえ、なぜこの時に下向してきたのか、その理由は判明していない。しかしこの後に、氏親と寿桂尼の婚儀がすすめられ、それに三条実望とその妻が大きく関わっていることからすると、北川殿と彼女との間で、氏親の結婚相手について相談する機会を持つためではなかったかと思われる。

そして、永正元年（一五〇四）八月二十五日に、寿桂尼の父中御門宣胤が、京都智福院《ちふくいん》で催した酒宴の席に参加し、三条実望妻はそこで初めて中御門宣胤と対面している（『宣胤卿記』増補史料大成本刊本）。その酒宴は、三条実望とその妻（「北向」）、実望の母、冷泉為和《れいぜいためかず》、理覚院《りがくいん》（冷泉為広《ためひろ》子、為和弟）、戒名院《かいみょういん》らの、正親町三条家・上冷泉家《かみれいぜいけ》の人々が招かれており、中御門家の人々との顔合わせが行われたものになる。後にあらためて触れるが、おそらくはこの後に氏親と寿桂尼の婚儀が行われたと考えられ、この酒宴に三条実望妻が参加していることから、この顔合わせは、いわば両者の婚約にともなうものと推測される。米原正義氏も、このことをもって、氏親と寿桂尼の結婚が、彼女の働きによることを推測している。

その後、実望の嫡男公兄が、永正四年二月に駿河に下向し（静四二六）、同五年二月には実望とその妻は、夫婦揃って駿河に下向した（『実隆公記』）。実望が京都に帰還するのは同十一年十二月のことであったが（静六一一）、その後に内大臣に昇任すると、翌同十二年十二月にそれを辞任して再び駿河に下向している（『公卿補任』）。そして、大永三年（一五二三）に出家して法名盛空《じょうくう》（浄空）を称し、享禄三年（一五三〇）三月五日に六十八歳で、そのまま駿河で死去している。

妻のほうは、夫実望が再度の駿河下向をしてきたあとの永正十三年（一五一六）夏、京都に帰還していて（静六四一）、その後は中御門宣胤や三条西実隆との交流がみられている。そして、同十七年七月二十一日に再び駿河に下向し（『実隆公記』）、以後は夫実望とともに駿河での生活を送り、天文五年（一五三六）十月十三日に死去した（静一四〇〇）。六十六歳くらいであった。法名は竜津寺殿仁齢栄保《にんれいえいほ》大姉とおくられ、安倍川対岸の服織郷に菩提寺竜津寺（静岡市）が建立された。

彼女は永正五年に夫実望とともに駿河に下向して以降は、ともに一時的に京都に帰還した時期はあったものの、基本的には死去まで、夫ともども駿府での生活を送っている。なお、子の公兄も永正四年の駿河下向後、基本的には駿府で生活し、任官に際して帰京するという生活を送っている。その後は同七年までに京都に帰還するが、その後に駿府に下向したらしく、同十五年に再び帰京している。大永元年（一五二一）にまたも駿河に下向し、天文十三年（一五四四）に帰京、同十六年に駿河に下向、同二十年に帰京したのち、同二十三年に内大臣に昇任、すぐに辞任・出家して法名紹空《しょうくう》を称し、やはり駿河に下向した（米原正義前掲

書・鶴崎裕雄「駿河下向の公家たち」『静岡県史 通史編2』第三編第五章第一節第一項)。

このように、正親町三条家は永正四年の公兄の駿河下向後は、実望・その妻ともども、基本的に駿府で生活するようになっている。それは実望の妻が、氏親の姉であったからに他ならない。氏親は実望らに駿河で所領を与えて、その生活の面倒をみたのであった。実望妻は、今川家と京都政界との人脈形成のために三条実望と結婚し、見事にそれを果たしたといえる。そして、それが遂げられた後は、実家の庇護のもとで生活を送るようになった。それは、十分に役割を果たしたことへの褒美のようでもある。

寿桂尼の結婚の時期

それでは、いよいよ今川氏親と寿桂尼の結婚について述べていくことにしよう。もっともその結婚の時期については、現在においても正確には判明していない。それを示す史料が残されていないからである。そのため推測するしかないが、中御門宣胤の日記『宣胤卿記』にみえる今川氏親と中御門家との交流の状況から、米原正義氏によって永正二年(一五〇五)のことと推定され(同前掲書)、それが妥当と考えられている。

氏親と中御門宣胤の交流は、前年の永正元年六月十九日から確認されていて、この日に宣胤のもとに駿河から使者が送られてきている。これが氏親と中御門家との交流として最初に確認できる事柄となっている。七月二十日に、再び駿河から使者が送られて、「祝言」として五〇〇疋《ひき》（銭五貫文《かんもん》、約五〇万円）が贈られている。同月三十日には、またも駿河から使者が送られてきて、「一字《いちう》の助成金として十両一枚（約一〇〇万円）」が贈られている。

これらをうけて八月二十日、中御門宣胤は、前月に駿河から送られた使者が二日後に下向することにともなって、氏親への返礼として、杉原紙二〇帖・帯一〇筋を「母方」すなわち北川殿に、帯五筋を「上臈《じょうろう》」に、銭一〇〇疋（一貫文、約一〇万円）を使者にそれぞれ贈っている。ここにいう「上臈」が誰かは不明だが、北川殿とは進物量にかなり格差がみられるので、北川殿の老女にあたる人物であろうか。そして二十五日には、先に触れたように、正親町三条実望とその妻で氏親姉の「北向」、実望の母、冷泉為和などと酒宴を行うとともに、ここで初めて氏親姉に対面している。この酒宴が、正親町三条家と中御門家の顔合わせの宴とみられるものである。そして、十月十四日にも駿河からの使者が下向している。

このように、永正元年から氏親と中御門家の交流が密接化していることから、それらが氏親と寿桂尼の結婚の準備にあたるとみられている。とりわけ八月二十五日の正親町三条家と中御門家との顔合わせ的な酒宴の開催は、氏親と寿桂尼の婚約の成立をうけてのことと推測される。おそらくはその後に寿桂尼は駿河に下向して、氏親と結婚したと考えられる。しかしながら『宣胤卿記』は永正二年が欠本のために、その状況を詳しく知ることができないのである。

氏親と中御門宣胤との交流は、その後の同三年以降もみられているが、そこには結婚のことはみえていない。そのことから欠本である永正二年に、それが行われたのであろうと推測されている。結婚については、必ず記述があるに違いないからである。したがって、氏親と中御門宣胤の交流が始まった後、記録がない永正二年こそが、結婚の時期とみられるのである。ただし、その年の何時頃のことであったのかまでは推測もできない。

なお、結婚自体は、あるいは当初はその永正元年に行われる予定だったのかもしれない。六月から八月にかけて、頻繁に使者のやり取りが行われているからである。これは具体的な結婚の準備であったともみられる。しかし氏親は、その直後の九月から十月にかけて武蔵《むさし》に出陣しており、そのために翌年に延期されたのかもしれない。

ともかくも、氏親と寿桂尼の結婚は現在のところ、以上のような状況から永正二年のことであったと推定されるものとなっている。なお、結婚に際して、寿桂尼が京都から駿府に下ることとなるが、その経路についてはどうであったと考えられるであろうか。常識的には東海道を下ると考えられるが、尾張国はこの時、氏親が鋭く対立していた斯波家の領国であったから、簡単に通行できたかどうかはわからない。あるいは紀伊国経由で、海路で下るという経路も存在したので、それを利用したとも考えられる。

なぜ寿桂尼が妻に迎えられたのか

この結婚の時、氏親は三十三歳、寿桂尼は二十歳くらいであった。寿桂尼は氏親よりもひと回りほども年少であった。寿桂尼については、結婚年齢としては至極適切である。それに対して氏親は、その年まで結婚していなかったというのは、当時の慣習からみても異例なことといえる。本来であれば、十代後半から二十代前半頃には結婚するのが通例といえるであろう。それに比べると、氏親は一〇年ほど遅い結婚となる。

氏親がその年まで結婚していなかった理由は明確にはならない。氏親はそもそも、元服自体が非常に遅く、明応四年（一四九五）、二十三歳の時のことであった（『今川氏親と伊勢宗瑞』）。とはいえ、それからすぐに結婚してもいいようにも思う。そうしなかったのは、適当な相手が存在しなかったからかもしれない。すでに駿河国主として、すなわち戦国大名として存立していたことからすると、少なくともその相手は、同等の家格以上にあるものでなければならないと考えられたであろう。

戦国大名という立場をもとにすれば、近隣の大名家との間に婚姻を結ぶと考えられがちであろう。いわゆる外交関係の一環としての結婚である。しかし、そうした状況がみられるようになるのは、これよりもまだ後のことであった。氏親の結婚が、結果として京都の公家との間で結ばれたことをみると、そこには母の北川殿の意向が強く働いていたことが推測される。北川殿は、そもそも氏親の結婚相手は、近隣の武家などではなく、京都の武家・公家を想定していたのかもしれない。自身が京都の武家出身で、長女を公家に嫁がせていることを踏まえると、そのように考えられるかもしれない。

また、先にも触れたように、この結婚には姉の三条実望妻の関わりがあったとみられる。むしろ弟の嫁に寿桂尼を選んだのは、そもそもこの姉であったとすら考えられる。同じくすでに触れたように、彼女はこれより四年前の文亀元年（一五〇一）五月に駿河に下向しており、おそらくは北川殿・氏親と、氏親の結婚についての相談をしていたと推測される。この時に、京都の武家・公家と婚姻をすすめることが取り決められたのではないかと思われる。その後も北川殿と相談しながら人選をすすめていき、氏親の妻として寿桂尼を選択したのであろう。

この時すでに氏親は、駿河一国・遠江半国を領国とする、当時においても極めて大規模な戦国大名として存立するようになっていた。その政治的地位に相応しい結婚が望まれるようになったとみられる。どのような経緯があったのかはわからないものの、前年の永正元年

（一五〇四）六月から、氏親と中御門家との交流が開始されていることからすれば、それまでには取り決めがされていたとみなされる。その間のまる三年間のうちに、寿桂尼を相手とすることが取り決められたとみられる。

それでは、なぜ寿桂尼が選択されたのであろうか。これに回答を与えることは難しい。人選を氏親姉の三条実望妻が主導したであろうことは、米原正義氏らが推測しているところであり、妥当と考えられる。では、なぜ三条実望妻は寿桂尼を選択したのかについては、黒沢脩氏が、氏親の曾祖父にあたる今川範政《のりまさ》と中御門家の交流があったことを背景の一つにあげていて（「今川家執権雪斎長老と寿桂尼」拙編『今川氏親』所収）、小和田哲男氏がこれを継承している（『駿河今川氏十代』）。しかし、その後は今川家と中御門家との間に交流はみられていないから、これは考えにくい。

『宣胤卿記』をみていくと、中御門宣胤と三条実望との間には、私的に親密な交流があったようにはみうけられないから、三条実望の交流関係のなかから選択されたのではないように思われる。そうした場合に想定されるのは、双方と親密な交流にあった人物の仲介によるというものであろう。そして、中御門宣胤と三条実望の双方と親密な交流があった人物としてみいだされるのが、三条西実隆と冷泉為広である。ともに歌道に秀でた存在であり、中御門宣胤も歌道に秀でていて、特に親しく交流していた。三条実望とは、三条西実隆はそもそもその分家であるとともに、屋敷が隣接する関係にあった。冷泉為広とは、ともに将軍足利義澄の側近として親密な間柄にあった。

ここで注意されるのが、氏親と寿桂尼との婚約が成ったであろう際の正親町三条家と中御門家との顔合わせの酒宴に、上冷泉家の人々も参加していたということである。これはもしかしたら、この結婚を上冷泉家が取り持ったことを反映しているのではないかと考えられる。そうであれば、この結婚は三条実望が親しい関係にあった冷泉為広に相談し、冷泉為広が自身の交流関係のなかから、とりわけ歌道に秀で、かつ三条実望と親しい三条西実隆とも親密な関係にあった中御門宣胤が選択され、その娘に白羽の矢が立つことになったのではないかと推測される。

寿桂尼が氏親の妻に選択された理由を明確にすることはできないが、ここでは以上のような交流関係がもとになっていたのではないか、という推測を示しておくことにしたい。

第二章　今川家の正妻として

氏親の子どもたち

寿桂尼は、永正二年（一五〇五）に今川氏親と結婚して、駿府で居住するようになったと推定されるが、その後しばらくについてその動向をうかがうことができない。実父中御門宣胤の日記『宣胤卿記』に寿桂尼が登場してくるのは、それから一〇年以上経った同十四年（一五一七）からになっている。永正三年から同五年においては、駿河と中御門宣胤の交流の記事はみえているが、具体的に寿桂尼の名や氏親の名は出ていない。そして同六年から同十三年まではほとんど残存していない。こうしたことから、それまでたまたま寿桂尼の動向がみえていないと考えられる。

寿桂尼は氏親と結婚すると、その正妻として「御前様」と称された。また「南殿」と称されているので、駿府館のうち南屋敷に居住していたとみなされる。駿府館の構造がどのようになっていたのかについては全く不明である。そのため、南屋敷がどのような位置づけにあったのかもわからない。館の中核となる本屋形ともいうべきものがあり、それとは別棟のものであったのか、それとも本屋形のうちの南側部分にあたっていたのか、といったことが想定されるが判断できない。

そして寿桂尼の動向として、最初に確認というか推定される事柄となるのが、氏親の子の出産である。とはいえ、確実な年代が判明しているのは、永正十年に嫡男氏輝（竜王丸・五郎）を出産していることだけで、その他の子どもの出産は、すべて状況からの推定にとどまるものとなる。

まずは氏親の子どもたちの出生状況についてみておくことにしたい。それについては、拙著『北条氏康の妻　瑞渓院』や、その後における大石泰史氏・浅倉直美氏の研究（大石「花蔵《はなぐら》の乱再考」、浅倉「北条氏との婚姻と同盟」拙編『今川義元とその時代』所収）によって、おおよそ次のように整理することができる。

永正八年頃　長女・吉良義堯妻
同　十年　長男・氏輝
同　十二年頃　次女・中御門宣綱妻
同　十四年　次男・玄広恵探《げんこうえたん》
同　十五年頃　三女・北条氏康妻（瑞渓院殿）
同　十六年頃　四女・瀬名《せな》貞綱《さだつな》妻（竜泉院殿）
同　十六年　三男・義元

同　十七年頃　四男・彦五郎

氏親にはこのように四男・四女の子どもが確認される。なおその他、これまでの研究では象耳泉奘《しょうにせんしょう》・那古野《なごや》今川氏豊《うじとよ》・関口氏広《うじひろ》妻・小笠原春茂《はるしげ》妻・牟礼郷右衛門《むれごうえもん》妻・鵜殿長持《うどのながもち》妻も氏親の子どもと伝えられることもあったが、すでに前著『北条氏康の妻 瑞渓院』において、いずれも誤りであることを述べた。

それら八人の子どものうち、母が寿桂尼以外であることが明記されてきたのは、次男・玄広恵探であり、母は今川家家老・福島氏の娘であった。江戸時代前期成立の今川家を主題とした軍記史料「今川家譜」「今川記」（『続群書類従』所収）に「福島左衛門尉《さえもんのじょう》の娘」とあることから、氏親の有力家老であった福島助春《すけはる》の娘と推定されている（小和田哲男『今川氏家臣団の研究』）。

その他の七人については、かつてはすべて寿桂尼が産んだとみなされてきた。しかし、前掲拙著において、その後の政治的地位や前後の出生状況をもとに、四女・瀬名貞綱妻と三男・義元については、寿桂尼からの出生ではなく、女房衆（妾、いわゆる愛人）からの出生と推定されることを指摘した。このことでとくに注目されるのが、その後に今川家の当主となっている義元が、寿桂尼の所生ではなく、庶出とみなされることであろう。しかし、義元

（はじめ法名梅岳承芳《せんがくしょうほう》）が、家督相続以前の時期に、弟彦五郎よりも政治的地位は下位に置かれ、しかも兄で庶出の玄広恵探とともに出家していることは、庶出であったとみることで、はじめて整合的に理解できるものとなる。

これらの検討の結果として、寿桂尼が産んだ氏親の子どもは、長女・吉良義堯妻、長男・氏輝、次女・中御門宣綱妻、三女・北条氏康妻、四男・彦五郎の二男・三女の五人であったと推定されるのである。

寿桂尼の子どもたち

それでは、それら五人の子どもたちについて、その出生状況と、それぞれの概略について述べておくことにしたい。

（1）長女・吉良義堯妻

彼女については、「土佐国蠹簡集残編」所収「今川系図」に「嫡女吉良妻」とみえているにすぎず、詳しい動向は全く不明である。あえて「嫡女」と記されていることから、嫡男氏輝よりも早くに生まれ、かつ寿桂尼の所生であったと判断される。そのため、生年は氏輝より少なくとも二年以上前とみられ、ここでは永正八年（一五一一）頃と推定している。寿桂尼は二十六歳くらいであった。ただし、結婚から六年後であることからすると、それより早く生まれていた可能性もあるし、その間には早世した子の存在も十分に想定できるであろう。

この吉良家は、足利将軍家の御一家筆頭で、今川家には惣領筋にあたる家系にあった。戦国期になってから本領の三河吉良庄に在国し、西条城《さいじょう》（愛知県西尾市）を本拠にしていたため、西条吉良家と称されている。義堯はその当主で、永正十六年に元服したとみられていて、享禄・天文年間（一五二八〜五五）の活躍とみなされていることから、長女の結婚相手はこの義堯と推定されている（大塚勲『今川氏と遠江・駿河の中世』『戦国大名今川氏四代』）。吉良家は遠江浜松庄（浜松市）を所領としていて、今川氏親は永正十四年には同国の領国化を遂げており、以後において両者は親密な関係を形成したと考えられる。長女と吉良義堯の結婚時期は不明であるが、両者の年齢を考慮すれば、結婚は氏親の生前に成立していた可能性が高い。

今川家にとって吉良家は格上の存在であり、そうであるがゆえに長女が嫁したと考えられる。実際の権力関係では、今川家は、吉良家の所領浜松庄が存する遠江を領国化しており、さらには三河の領国化をすすめていた。権力関係では吉良家は今川家に従うかたちになるが、家格では吉良家のほうが格上であることから、婚姻関係を結ぶことで、権力的な上下関係を曖昧にし、良好な関係の構築が図られたものと考えられる。

しかし、天文期後半頃から、三河領有をめぐる今川家と尾張織田家の抗争が激しくなっていくなか、天文十八年（一五四九）に吉良家は今川家から離叛し、そのため今川家は西条城を攻撃し、屈服させている。この時の当主はすでに義堯ではなく、庶出の次男義安《よしやす》（天文五年生まれ）であったとみられている。ただし、この頃の吉良家の動向はまだ十分には明らかにされていないようなので、義堯とその妻の詳しい動向については、今後の研究の進展を待ちたい。ちなみに義堯妻については、没年は不明らしいが、法名は徳蔵院殿芳山春公《とくぞういんでんほうざんしゅんこう》大姉といった（大塚勲『戦国大名今川氏四代』）。

（2）長男・氏輝

氏輝の生年を示す当時の史料はみられず、わずかに「今川記」所収系図に「天文五年早世、廿四才」とあることをもとに、永正十年（一五一三）生まれととらえられている。嫡男とされたこと、寿桂尼は「氏照（輝）の老母」（静一三七八）と記されていることからも、寿桂尼の所生とみなされる。寿桂尼は二十八歳くらいであった。

幼名・仮名ともに父氏親のそれを襲名して、幼名竜王丸・仮名五郎を称した。誕生から

今川氏輝像（臨済寺蔵）

二年後の同十二年五月十八日に、今後の学問用のテキストとしてであろう「悉曇《しったん》初心問答集」「印融記《いんゆうき》」を与えられている（戦今二七七～八）。早くも氏親の後継者になるべく帝王学の修得がすすめられている。

大永五年（一五二五）十一月二十日に十三歳で元服し（静八八八）、同六年六月に父氏親が死去した際はまだ十四歳であった。「判《はん》始《はじ》め」以前であったためであろう、その直後から翌大永七年までは、寿桂尼が自らの朱印状で文書発給し、政務にあたることになる。その後の動向については次章で詳しく取り上げるが、十六歳となった享禄元年（一五二八）から、氏輝は自ら発給文書を出して政務を執るようになる。しかし、同年十月から同四年まで、再び寿桂尼に政務を交替している。これは、氏輝が長期にわたって病気にかかっていたためと推測されている。

天文元年（一五三二）からは、再び政務を執るようになり、同四年には甲斐に出陣しており、軍事行動を展開するまでになっている。しかし、翌同五年三月十七日、弟彦五郎と同時に、わずか二十四歳で死去してしまった。法名は臨済寺《りんさいじ》殿用山玄公《でんようざんげんこう》（宗玄）居士とおくられ、菩提寺として臨済寺が建立された。氏輝の妻については全く所伝がないので、氏輝はまだ結婚していなかったとみられる。今川家の当主として、しかるべき家から迎えなくてはならなかったであろうから、適当な相手が決まらなかったためとみられよう。

（3）次女・中御門宣綱妻

彼女は、寿桂尼の実家の当主で、兄の中御門宣秀の嫡男の宣綱と結婚した。寿桂尼の実家の当主に嫁いでいることから考えて、寿桂尼の実子とみてよいと考えられる。宣綱は永正八年（一五一一）の生まれであり、大永七年（一五二七）に、父宣秀とともに京都から駿河に下向していることから（静九六八）、この下向は結婚にともなうものであった可能性が高い。この結婚は兄氏輝が当主になっていたなかですすめられたが、その判断は寿桂尼によるものであっただろう。

生年については、夫となる宣綱と同じくらいか、それよりも年少とみるのが自然であろう。弘治二年（一五五六）の時点で宣綱には一男一女があり、そのうち娘は「中御門姫御《ご》料人《りょうにん》」とみえていて未婚であったらしい（静一三九四）。この時に高くみて二十歳とみても天文六年（一五三七）生まれとなり、宣綱妻が娘を二十歳で産んだとしても、生年は永正十五年（一五一八）となる。そうすると、氏輝よりも年少とみるのが妥当と思われ、ここではそれより二歳年少とみて、同十二年頃の生まれと推定している。寿桂尼は三十歳くらいであった。なお、浅倉直美氏は同十三年と推定している。

宣綱はその後、基本的には駿府で生活し、宣綱妻はその子ともどもそのまま駿府での居住を続けている。永禄十一年（一五六八）の甲斐武田信玄の駿河侵攻をうけて、今川家当主氏真（義元の子）に従って遠江懸河城《かけがわ》（掛川市）に逃亡するが、宣綱は翌同十二年四月に同地で死去したとされている（静三七二七）。享年五十九であった。宣綱妻はその後も氏真に従って、小田原北条家のもとに身を寄せて、元亀二年（一五七一）八月九日には、氏真とともに相模早河《はやかわ》（神奈川県小田原市）に在所していることが確認される（静8・三三五〇）。しかし、その後の動向についてては確認できていない。

宣綱の子どものうち、男子は「賀永《がえい》」といい、「伊豆の若子」とも称されている。弘治二年十二月に出家して喝食《かつしき》となっている（静二四五九）。賀永について、『静岡県史資料編7』などにおいては、北条氏康の子氏規《うじのり》に比定されているが、これは誤りである。北条家については「相模」と記され、「伊豆」とは記されないこと、賀永の出家（「祝言」）に中御門宣綱が参加していること、「中御門息の喝食」（静二五三三）と表記されていることから、宣綱の子と判断される。ただし、彼が宣綱妻の所生であったかどうかは明確ではない。

その動向に関わりがみられないことからすると、彼女の所生ではなく、庶出の可能性が高い。喝食とされたのもそのためであったかもしれない。

宣綱の娘は宣綱妻とともに行動していることから（静二三九四）、宣綱妻の所生とみてよいと考えられる。今川家滅亡後は、今川氏真に従って行動したと推測され、天正十五年（一五八七）に、庇護をうけていた遠江徳川家康の仲介によって、相模北条氏政《うじまさ》（氏康の子）の養女に迎えられて、前年に北条家に従属した下野皆川《みながわ》領の国衆・皆川広照《ひろてる》と結婚したとされる（『寛政重修諸家譜』所収「皆川系図」）。ただし、初見の弘治二年の時に低くみて十歳とみても、この時には三十歳すぎになるから、あるいは再婚の可能性もあるかもしれない。彼女については、それ以外の所伝はみられないようであり、その後の動向についても不明である。

（4）三女・北条氏康妻（瑞渓院殿）

生年については明確ではないが、先の系図の記載位置から、永正十四年（一五一七）生まれの恵探より年少で、同十六年生まれの義元より年長と推測されるので、同十五年頃の生まれと推測される。その子氏規について、「大方の孫」と記されていることから、寿桂尼の所生と考えられる。寿桂尼は三十三歳くらいであった。およそ十八歳にあたる天文四年（一五三五）末から同五年初め頃、又従兄弟にあたる、相模北条氏綱《うじつな》の嫡男・氏康と結婚したと推定される。氏康は永正十二年生まれであったから、それより三歳ほど年少にあたった。この結婚は、兄氏輝が当主になっていたなかでのことになるが、これについても、その判断は寿桂尼によるものであったと考えられる。

天文六年に長男氏親（新九郎）、同八年に次男氏政、同十一年に三男氏照《うじてる》、同十四年に四男氏規、同十六年頃に四女早河殿《はやかわどの》（今川氏真妻・蔵春院殿《ぞうしゅんいんでん》）を産んだと推定される。その他、天文十年前後頃の生まれと推測される次女・北条氏繁《うじしげ》妻（七曲殿《ななまがりどの》・新光院殿《しんこういんでん》）も、彼女の所生の可能性があると想定される。それを除いても四男一女の母となり、北条家の繁栄に大きく尽力している。

氏康の家督相続後は「御前様」となり、氏綱後室がみられなくなった同二十年頃には「家」妻となり、永禄二年（一五五九）の夫氏康の隠居、氏政の家督相続後は、「本城御前様」と称された。同十二年に氏政妻・黄梅院殿《おうばいいんでん》（武田信玄娘）が死去した後は、再び「家」妻の役割を果たしたと推測される。天正十年（一五八二）には氏政の後妻・鳳翔院殿《ほうしょういんでん》の存在がみられ、彼女が「御前様」として「家」妻となっていることから、鳳翔院殿の登場にともなって隠居したと推定される。同十八年六月二十二日に、小田原合戦における小田原籠城のなかで、鳳翔院殿とともに死去している。七十三歳くらいであった。法名は瑞渓院（寺）殿光室宗照《こうしつそうしょう》大姉とおくられた。

（5）四男・今川彦五郎

先の系図には、「二男」とある恵探に次いで記されているので、氏親の三男とみなすことも可能だが、当時の史料に義元が「三男」とされることから、彦五郎は四男とみるのが妥当のようである。義元より一歳か二歳年少の、永正十七年（一五二〇）頃の生まれと推測される。生前は兄氏輝に次ぐ政治的地位にあり、死後は寿桂尼に菩提を弔われていることから、寿桂尼の所生とみなされる。寿桂尼は三十五歳くらいであった。兄弟のなかで唯一、大永六年（一五二六）の父氏親の葬儀に参列していないが、それも社会的存在が認知されない八歳未満の幼少であったとすれば、整合する。したがって、彦五郎は嫡出の「次男」であったとみなされる。

また、今川家において仮名彦五郎は、嫡男が称する五郎に準じたもので、実際にも氏親の祖父範忠は、嫡男の時にこの仮名を称していた。この彦五郎という仮名を称していることからみても、まだ後継者のいなかった氏輝の後継候補に位置づけられていたことがうかがわれる。ただし、彦五郎の動向については、死去時しかみられない。天文五年（一五三六）三月十七日に兄氏輝と同時に死去した。十七歳くらいであった。法名は定源寺殿《じょうげんじでん》寂《じゃく》庵性阿弥陀仏《あんしょうあみだぶつ》とおくられ、駿河築地郷円竜寺《えんりゅうじ》（現・円良寺、藤枝市）が菩提寺とされた。

このように、推測に基づくものとはなるが、寿桂尼は二男・三女の五人の子どもを出産した。それは、およそ二十六歳から三十五歳くらいまでのことであった。長男氏輝は、今川家の嫡男となり、氏親の死後はその家督を継いで当主になった。四男彦五郎は、二人の庶兄を差し置いて、氏輝の後継候補に位置づけられた。長女・吉良義堯妻は、今川領国に存在しつつも、今川家の惣領筋にあたる名門の吉良家に嫁した。そして、次女は寿桂尼の実家にあたる中御門家の嫡男宣綱と結婚し、三女は氏親の母方実家にあたる北条家の嫡男氏康と結婚するというように、ともに今川家の母系の実家に嫁している。

男子については、家督相続の候補者とされ、女子については、今川家の外部にありつつも、今川家にとってとりわけ重視すべき家との婚姻であった、と判断される。それらの子どもたちはいずれも、寿桂尼所生の嫡出子として、今川家の存立のうえで重要な役割を果たした、もしくはそれが期待された、とみることができるであろう。

寿桂尼と氏親の妾（女房衆）の関係

氏親の子ども八人のうち、五人は寿桂尼の所生であったが、次男恵探・四女瀬名貞綱妻（竜泉院殿）・三男義元の三人は、妾（女房衆）から生まれた庶出であったとみなされる。このうち母が明確なのは次男恵探で、「福島左衛門尉の娘」であり、これは氏親の有力家老で遠江高天神《たかてんじん》城主の福島助春の娘と推定されている。福島助春は当時において氏親の極めて有力な家老であったから、妥当な推定といえる。

福島助春の動向は、永正七年（一五一〇）までしか確認されていない。その後の動向は明確でなく、同十五年に甲斐郡内小山田《おやまだ》家との和睦を成立させた福島道宗入道《どうそうにゅうどう》を、その後身とみる見解も出されている（小和田哲男『今川氏家臣団の研究』）。また、その後は受領《ずりょう》名上総介《かずさのすけ》を称し、大永元年（一五二一）に甲斐侵攻の惣大将として伝承される「福島上総介」にあてる推測も示されている（丸島和洋「今川氏家臣団論」拙編『今川義元とその時代』所収）。

助春のその後の動向は判然としていないが、永正年間と推定されている十一月二十八日付の一枝斎善勝《いっしさいぜんしょう》の書状（戦今二八六）に、助春（「左衛門尉」）について「今度打死に就いて」とあるので、助春は永正七年以降の十一月二十八日に近い時期に戦死したとみなされる。そうすると、道宗や「福島上総介」は、助春の後身ではなかった可能性が高い。

助春の嫡男は、同じ左衛門尉を襲名した氏春と推定されている。実名のうちの「氏」字は、今川氏親から今川家の通字を偏諱《へんき》として与えられたものとみられる。「氏」字が与えられるのは今川家の御一家衆に限られていて、家臣では家老筆頭の三浦家（氏員《うじかず》・氏満《うじみつ》）に与えられているだけである。福島家においても、同字を与えられたのは氏春だけであったから、特別な待遇であったとみられる。おそらくはその姉妹が氏親の妾であったため、氏春の家格が上げられたことが考えられる。もっとも、氏春の具体的な動向は不明で、その後の福島氏としては、花蔵《はなぐら》の乱で恵探に加担した福島越前守の存在が注目され、あるいは氏春その人の可能性もあるように思われる。

瀬名貞綱妻の母と義元の母については、全く所伝がない。瀬名貞綱妻は「太守（義元）の姉」（静二四三四）とある一方で、「土佐国蠧簡集残編」所収「今川系図」では義元の妹の位置に記されていることから、義元とは同年の生まれと推測される。そのため、両者の母は別人と推測される。両者の母に関して浅倉直美氏は、瀬名貞綱妻の母を、貞綱の父で今川家御一家衆第二位の瀬名氏貞《うじさだ》の従妹（氏貞の叔父・堀越今川貞基の娘）、義元の母を、家老で遠江懸河城主の朝比奈泰熙《あさひなやすひろ》の娘と推測する仮説を提示している。史料に裏づけされた仮説ではなく、あくまでも状況からの推測によったものではあるが、それらの可能性はあるように思う。

いずれにしろ、氏親には三人の妾（女房衆）がいたとみられ、いずれも一門・家臣の出身であったとみなされる。彼女ら三人は、寿桂尼とは別に氏親の妻として存在した形跡は全くみられないため、あくまでも家来として奉仕する女房衆の立場にあったと推定される。その場合、奥向きの統括者であった正妻の寿桂尼の指揮下に置かれていたことになる。さらにはそれぞれの子たちが、いずれも氏親の子としての立場を与えられていることから、彼女たちが氏親の妾になること、そしてその子の出産も、すべて寿桂尼の承認のもとでのことであったと考えられる。それこそ、妾の選定そのものが寿桂尼の意向によるものであったとすら考えられる。

氏親の妾の存在は、寿桂尼が嫡男氏輝を産んだ後にみられたことであった。そして、寿桂尼自身がそれから七年後くらいに、氏輝の後継候補となる四男・彦五郎を産むまでの間のことであった。このことから、それら妾の存在は、氏輝に続く男子の誕生を目的としてのことであったと推測される。そうしたなかで、有力家老の娘やあるいは有力一門の娘が、氏親の妾として選定されたと考えられる。福島助春の娘以外は、具体的な出身は明確ではないものの、いずれについても寿桂尼が、氏親の子を産むに相応しい家系の女性を選定したと思われ、その存在は今川家の女房衆とされて、寿桂尼の指揮下に置かれたことは間違いないであろう。

そのうえで注目しておきたいのは、義元の時代には、庶出であった瀬名貞綱妻と義元はともに、寿桂尼の子とされていることである（静二五〇九など）。これは寿桂尼との間で養子縁組が行われて、公的には寿桂尼の子とされたことを意味している。義元が寿桂尼と養子縁組したのは、花蔵の乱によって今川家の当主になったことにともなうものであったろう。瀬名貞綱妻についての推測は難しいが、少なくとも瀬名貞綱と結婚する際には養子縁組されたと思われる。養子縁組することで、庶出の子であっても、正妻の子としての社会的地位が認められるのであった。そしてこのように、正妻は、妾やその所生の子についてもすべて自らの管轄下に置いて、大名家の奥向きを統括していたのである。

「家」妻の継承

寿桂尼は今川氏親の正妻の立場にあったが、結婚後ただちに戦国大名今川家の奥向きを統括する「家」妻の立場になったわけではなかった。寿桂尼の結婚以前、その「家」妻の地位には、氏親生母の北川殿があった。そして寿桂尼は、北川殿からその地位を受け継ぐことで、今川家の「家」妻となるのであった。このことについては、前章で北川殿について触れたところでも簡単に述べたが、寿桂尼の人生において重要な画期をなすことなので、あらためて取り上げておきたい。

北川殿が、寿桂尼の結婚後においても、依然として「家」妻の地位にあったことは、永正四年(一五〇七)前後に、遠江浜名神戸(浜松市)の幡教寺(大福寺)から「御屋形様(氏親)」と「大方」「大上様」(北川殿)に、歳暮の巻数と納豆が進上されていることや(戦今二〇四・二九〇）、同八年六月に、駿河安東庄熊野宮の修造にあたって、五貫文の費用を支出していて、そこで「大上様より」と記されていることから確認される（静三三九）。とくに前者の場合は、当主氏親と同等の扱いをうけているが、これは北川殿が「家」妻であったことによっていよう。

北川殿が「家」妻としてみえるのは、永正八年が最後になっている。そして、それから八年後となる同十六年（一五一九）八月になると、駿府館から退去して、同所北方の安倍川支流の北川の畔に住居を構えて、「北川殿」と称されるようになっている（戦今三三四）。いうまでもなく、このことが北川殿から寿桂尼へ「家」妻の交替があったことを意味している。

残念ながら、交替の時期や経緯については全く不明というしかないが、ちょうど北川殿の「家」妻としての動向が確認された最後の時期から、寿桂尼は氏親の子どもを産むようになっているから、そのようなことが契機となっていたことが推測される。氏親の妾（女房衆）の管轄も、「家」妻の立場に基づいていたと考えられるから、遅くても福島助春娘が氏親の妾に選定された時点では、寿桂尼が「家」妻の地位にあったとみてよい。

いずれにしろ、寿桂尼はこの頃に、北川殿から今川家の「家」妻の地位を継承したとみなされる。以後においては「御前様」として存在するものとなった。ここに寿桂尼は、ようやくに家長である夫の氏親とともに、二人三脚で今川家を主導する立場にたつことになったのであった。

『宣胤卿記』にみえる動向

氏親の生前において、寿桂尼についての具体的な動向がみられるのは、父中御門宣胤の日記『宣胤卿記』に記された、父宣胤との交流を中心とするものである。もっとも永正年間（一五〇四～二一）における『宣胤卿記』の残り方が悪く、かろうじて永正十四年から同十六年までは比較的多くの記事が残されている。そのため寿桂尼の動向については、永正十四年五月十五日、十月二十九日、閏十月八日、十二月十七日、同十五年二月十二日、四月二十九日、九月二十一日、十二月十二日、同十六年六月二日、七月十三日、十月二日、十一月二日の十二ヶ所にみることができる。

各年について四回の関わりがみられている。寿桂尼と父宣胤との交流が、その程度の頻度であったことが認識される。氏親と結婚して一〇年以上後になってからのものに限られるが、その間の日記の残り方が悪いため仕方ない。とはいえ、それらの内容は寿桂尼の具体的な動向を示す貴重な史料であり、とりわけ氏親生前期の寿桂尼の動向を示すものとして、唯一の内容になっている。そのため以下において、その内容について具体的に取り上げることにしたい。

宣胤からの贈り物

『宣胤卿記』に寿桂尼が最初にみえるのは、永正十四年（一五一七）五月十五日条（静六五二）である。

十五日、晴、宇野藤五郎（定治）来る、十八日に駿河に下るべきの由申すの間、守護今河（氏親）方へ八幡名号一幅・筆十管、息女（寿桂尼）に同十管・セン香・伊呂波一枚、上﨟に薫衣香一袋、阿茶に帯一筋・越前薄様二帖これを遣わす、又藤五郎に天神名号一幅・詩歌一枚・越前薄様十帖これを遣わす、又《また》前内府〈三条実望公〉に状を遣わす、

今川氏親と中御門宣胤との連絡役を務めていたものに、宇野定治《うのさだはる》があった。彼は、京都の薬商人の陳外郎《ちんういろう》の被官で、後には相模北条家の家臣となって小田原外郎の祖となる人物である。宇野定治が駿河に下向する用事があったため、宣胤はその定治に、氏親らに贈る進物を委ねた。進物は、氏親に八幡名号《みょうごう》（八幡大菩薩の神号の書）と筆十軸、寿桂尼に同じく筆十

軸と線香・伊呂波（伊呂波を書した書）、上﨟に薫衣香一袋、阿茶に帯一筋と越前薄様（紙）二帖であった。

寿桂尼はここで筆・線香・伊呂波一枚を贈られている。注目されるのは、それに続いてみえている上﨟と阿茶である。上﨟は、今川家の奥向きに仕える女房衆の最高位に位置した人物とみなされ、すなわち寿桂尼の老女にあたるであろう。とはいえ、宣胤との交流がみられるのは、この時だけとなっている。宣胤が進物を贈っているのは、寿桂尼の老女であったからであろうが、氏親母の北川殿時代からの上﨟が継承されていたものか、寿桂尼が結婚した際に中御門家から付き従って、この時には上﨟になっていたものか、どちらかであろうが判断できない。

それに続いてみえる阿茶（その後では阿茶々でみえる）は、その後も宣胤との交流がみえていることからすると、中御門家から寿桂尼に付き従って、その女房衆とされた存在と判断される。ここでわざわざ宣胤から進物を贈られていることから、寿桂尼に付き従った女房衆の筆頭に位置した存在であったと推測される。そしてこれらによって、寿桂尼を支える女房衆として、上﨟と阿茶があったことが確認される。

宣胤との書状のやり取り

次に寿桂尼がみえるのは、永正十四年十月二十九日条（静六六九）である。

廿九日、晴、駿河より文到来す、守護今河《（氏親）》の状・息女《（寿桂尼）》の文、三条女房《（三条実望妻）》の迎えに彼の青侍上る便宜と云々、

宣胤のもとに駿河から送られてきた書状が届けられていて、その書状は、氏親と寿桂尼それぞれからのものであった。内容まではわからないが、この書状が届けられたのは、正親町三条実望妻を京都から駿河に迎えるために駿河から青侍《あおざむらい》が派遣されてきて、それに託されたものであったことがみえている。

続いて、同年閏十月八日条（静六七〇）に次のようにある。

八日、風雨鳴枝、慶蔵主《けいぞうす》を招き引く、（中略）駿河の状、前内府父子《（三条実望・公兄）》・今川《（氏親）》・息女南殿《（寿桂尼）》・阿茶々等にこれを遣わす、近日物語でせしめ、体に随い直に下国すべきの由兼ね

て音信に依る也、又慶蔵主に越前打陰廿枚・シシウ綿・タヒ一足これを遣わす、北向（三条実望妻）〈三条妻、頭中将（三条公兄）母、今川姉妹也〉は頭中将進退の一左右に依り下るべしと云々、

駿河に慶蔵主が下向する予定になっていたので、宣胤はその慶蔵主に、氏親・寿桂尼・阿茶々らへの書状を託している。前月に送られてきた書状への返信であったろう。これによって寿桂尼が、この時には「南殿」と称されていたことがわかる。先にも述べたように、駿府館のなかで南屋敷に居住していたことが推測される。

また女房衆の阿茶が、ここからは「阿茶々」と記されるようになっている。先に寿桂尼の女房衆の筆頭に、上臈があったが、これ以降はみられていないから、上臈の地位に交替があり、それにともなって阿茶々に改名したとも推測される。いずれにしろ、これ以降はこの阿茶々が、寿桂尼の女房衆の筆頭に位置したのではないかと考えられる。

宣胤との贈答のやり取り

永正十四年十二月十七日条（静六七二）には、

十七日、晴、立春、（中略）当年星五真性院（宣増）持ち来る、頂戴せしめこれを返す、今朝供奉せしむと云々、供米は星田米を以てこれを遣わす、此の星五は、余（中御門宣胤）・中納言（中御門宣秀）・孫男（中御門宣綱）・越前息女・駿河息女（寿桂尼）、以上代二十五疋、五十ツツ也、

とある。宣胤は、子の真性院宣増を通じて、「当年星」（毎年変わる九曜と呼ばれる九つの星のことで、それぞれに吉兆がある）について供養（星供養）したことにともなう祈禱札を取り寄せていて、この時には、自身の分と、嫡男宣秀、嫡孫宣綱、「越前息女」、寿桂尼について五枚を取り寄せている。その代金は一枚につき五〇文（約五千円）であった。この時、宣秀・宣綱父子は駿府に滞在しており、また「越前息女」と寿桂尼は、それぞれ越前と駿府に居住していたから、それらの祈禱札は宣胤からそれぞれに送られたと考えられる。

年が替わった永正十五年（一五一八）二月十二日条（静六八〇）には、

十二日、晴陰、駿河より使僧再す、去年紀伊に下り上る、今河治部大輔《じぶのたいふ》氏親の状これ有り、金一枚〈十両〉これを上す、中納言（中御門宣秀）方三両・太刀これを上す、息女（寿桂尼）方より紬《つむぎ》一端・葛一・搗栗《かちぐり》等これを上す、阿茶々方より朱染紙一束これを上す、

とある。駿河から上洛してきた使僧によって、宣胤に氏親らからの進物が届けられている。その使僧は、前年に紀伊を経由して駿河に下っていたことが知られる。これによって、京都と駿河を結ぶ経路として、陸路の東海道を利用するものと、海路で紀伊を経由するものとがあったことがわかる。そして紀伊経由の場合は、その後の四月二十九日条（静六八四）に遠江下向にあたって奈良（南都）に下っていることがみえていることから、奈良を経て紀伊に出たとみなされる。

氏親からは金十両（約一〇〇万円）、駿府滞在の嫡男宣秀からは金三両（約三〇万円）と太刀、寿桂尼からは紬一反・葛一つ・搗栗（勝栗）など、阿茶々からは朱染紙一束が贈られてきている。ここでは、氏親から大金が送られてきていることが注目される。また駿府滞在の宣秀からも、それなりの金額が送られてきている。これは京都の公家が、地方の戦国大名家と婚姻を結んだことで得られた、具体的な利点であったとみることができるであろう。そして、宣秀・寿桂尼からの進物は、前年末に送られてきた祈禱札への返礼にあたったかもしれない。

兄宣秀の娘と朝比奈泰能の結婚

次いで、永正十五年四月二十九日条（静六八四）には、

廿九日、晴、今日孫娘（朝比奈泰能妻）〈十六歳〉遠江国に下る、駿河より中媒の故也、雑掌《ざっしょう》安星二月より在京し毎事を調え、官女両人・田中新左衛門等下る、今日南都に至るべしと云々、又駿河に返事等これを遣わす、唐墨一丁六・打陰卅枚・太平記抜き書き一巻を駿河守護（氏親）〈今河〉に遣わす、栗林・安星等に帯を遣わす、息女（寿桂尼）以下の事はこれを記すに及ばず、

とあり、兄宣秀の娘が、氏親家老で遠江懸河城主の朝比奈泰能との結婚のために、遠江に下向している。この結婚は「駿河より中媒」とあることから、氏親・寿桂尼の仲介によるものであった。寿桂尼には姪にあたっていたから、実際には寿桂尼の意向によるものであったと考えられる。

宣秀の娘は、その後、五月十九日に懸河城に到着している。京都から懸河までの旅程は、およそ二〇日ほどであった。そして、六月二十四日に朝比奈泰能と結婚した（静六九〇）。時期は判明していないが、嫡男泰朝《やすとも》（弥次郎・左京亮《さきょうのすけ》・備中守）を産んでいる。弘治三年（一五五七）三月三日まで動向が確認されている（静二五四五）。なお、その年の八月晦日に、夫泰能は死去している（戦今二七五二）。

宣秀の娘は、この時に十六歳であったから、文亀三年（一五〇三）生まれであった。ただし、宣秀嫡男の宣綱はそれより八歳も年少であったから、彼女は庶出であったとみられる。公家の娘であったとはいえ、庶出であれば京都政界で一定水準の結婚は難しかったかもしれない。そこで寿桂尼は、家老と結婚させることで、姪の存立の安定を取り計らったのであろう。これには宣胤・宣秀も感謝したことであろう。宣胤はここで、氏親と寿桂尼らに進物を贈っているが、その内容は略されている。

朝比奈泰能は、懸河城主を務めていた朝比奈泰熙（弥次郎か・備中守）の嫡男で、父が永正八年（一五一一）正月朔日に死去したことで家督を相続したが、まだ年少であったため、叔父の朝比奈泰茂《やすしげ》（弥三郎・左京亮）の補佐を一〇年にわたってうけたというから（『宗長日記』〈岩波文庫本〉）、それはおよそ同十七年までのことになろう。生年は不明であるが、父死去時は元服前であったとみなされること、この時に結婚していることから、妻となる宣秀娘よりも数歳の年長であったろうか。泰能が独り立ちしてみえるようになるのは、後の大永六年（一五二六）からになっている。

朝比奈家は、今川家家臣のなかでは、三浦家と並ぶ家老家になるが、その惣領家は、氏親の時期は又太郎であり、泰熙に始まる懸河城主系は庶流であった（丸島和洋「今川氏家臣団論」拙編『今川義元とその時代』所収）。氏親の死後、又太郎は政治的地位を低下させたのか、史料にはみられなくなり、代わって泰能が朝比奈家の惣領家の地位に位置するようになっている。ここで寿桂尼は、家老ではあったがまだ庶家の立場にあった泰能に姪を嫁がせたことになるが、その理由は明らかになっていない。この点に関しては浅倉直美氏が、氏親の妾（女房衆）で義元の生母となった人物を、朝比奈泰熈の娘で泰能の姉妹であったのではないか、という推測を示していて、それと一体的・相互的なものとみる見解が出されている。史料根拠があるわけではないが、現在の史料状況からすると、確度は高いように思われる。

このことに関わって注意されるのは、朝比奈家において、やはり一人だけ氏親から通字の「氏」字を偏諱として与えられたと推測される人物として、「氏泰」が存在していることである。これを福島氏春の場合と同じ事態とみれば、その姉妹が氏親の妾になり、それにともなって家格が引き上げられて、「氏」字を与えられたとみることができる。ただし、氏泰の系譜的な位置は明確ではなく、丸島和洋氏は、永正十年に朝比奈氏のなかで惣領家に次ぐ地位にあった「孫太郎」にあて、泰茂がその弟であったことから、泰熈の弟で泰茂の兄にあたると推測している。

ただ、泰熈の仮名が弥次郎、泰茂の仮名が弥三郎であるなかで、その間に位置して仮名が孫太郎というのは不自然である。その仮名はむしろ惣領家の又太郎に通じるから、あるいは養子に出て行ったものかもしれない。いずれにしろ、泰熈死去後において、泰能との嫡庶関係について検討の必要があるように思われる。しかし、泰熙の後継者が泰能であったことは確実であり、その後の氏泰の地位は泰能より上位にあったとはみられない。このことを踏まえると、なぜ氏泰にだけ偏諱が与えられたのかが問題になるが、適当な成案が得られないので、引き続いて検討する必要があろう。

宣胤に金十両の贈答

続いて、永正十五年九月二十一日条（静六九八）に、

廿一日、晴、田中新左衛門尉東国より上る、駿河守（氏親）綿十把、息女（寿桂尼）金一枚〈十両歟〉・細美二これを上す、（万里小路）秀房朝臣より鯇《あめのうお》二送る、状有り、除目の申し文等一巻これを見せしむ、筆を加うべしと云々、東国綿各へ施し与え了、

とある。田中新左衛門尉は、先に中御門宣秀娘が朝比奈泰能との結婚のために遠江に下向した際に随行したものであり、それが京都に帰還したのであった。その時に、氏親・寿桂尼から宣胤への進物が届けられている。氏親からは綿一〇把、寿桂尼からは金一〇両（約一〇〇

万円）を贈っている。

寿桂尼の進物は、金一〇両という大金である。宣秀娘と朝比奈泰能との結婚にともなって下向してきた田中新左衛門尉に託されていることからすると、その結婚にともなう祝儀としてであったのかもしれない。またここまでみてきたように、宣胤に進物を贈る場合、氏親とは別のかたちで寿桂尼からも進物を贈るものとなっている。いうまでもないが、このことは寿桂尼にも独自の財政基盤があったことを示している。ただし、その実態については明確にならない。これについての検討は、次章以下においてこころみることにしたい。

次いで、同年十二月二十二日条（静七〇八）には、

> 廿二日、晴、（中略）駿河より使〈小川〉上る、〈公方（足利義稙）へ御礼両三年懈《け》怠《たい》分進納これ有りと云々、此の次いで頭中将公兄（三条）朝臣上洛すと云々、〉対面せしめ盞《さかずき》を賜う、今河（氏親）の状ならびに息女（寿桂尼）の文これ有り、

とあり、氏親は宣胤を通じて、将軍足利義稙に礼物を贈っている。氏親は足利義稙への御礼（挨拶）を二、三年疎かにしていて、その分をまとめて贈ったもののようである。これにともなって、それまで駿府に滞在していた正親町三条公兄が上洛してきている。そして三条公

兄から、氏親と寿桂尼からの書状を届けられている。

氏親と寿桂尼の書状の内容は明らかにならないが、ここまでのところでは、氏親・寿桂尼と宣胤に関係する人物が、京都と駿府を往来する機会にあわせて、書状や進物のやり取りをしていた状況をみることができるであろう。

永正十六年の交流

永正十六年（一五一九）にも、寿桂尼と中御門宣胤の交流についてみることができる。まず、六月二日条（静七二三）に、

> 二日、陰、駿河よりの使〈万福寺僧〉上洛す、武家《（足利義稙）》に進上の御馬の路間の事、兼ねて申し定め下用すべしと云々、今河《（氏親）》の状ならびに息女《（寿桂尼）》の文〈蘇《そ》合香円《ごうこうえん》一貝を上す〉これ有り、対面し酒を勧む、

とあり、氏親から将軍足利義稙への馬の献上に関して、万福寺の僧が使者として上洛してきた際、氏親と寿桂尼からの書状が宣胤に届けられている。

次に、同年七月十三日条（静七二五）に、

十三日、晴、駿河より前内府（三条実望）の状到来す〈宰相中将（三条公兄）方へこれを送る〉、又息女（寿桂尼）の文〈□□色々これ有り〉戒明寺《かいみようじ》持ち来る、

とあり、駿府滞在の正親町三条実望から在京中の嫡男三条公兄への書状が、戒明寺（戒名寺、上冷泉家所縁の人物か）という人物によって届けられて、それを公兄のもとに送っているが、その時に寿桂尼からの書状も届けられている。ここでは、三条家父子の連絡が寿桂尼と宣胤の関係を通じて行われるものとなっている。

続いて、同年十月二日条（静七三二）に、

二日、晴、暁陰夜雨、駿河の使〈小川〉上る、公儀のため也、昨日京着と云々、守護今河（氏親）より金十両・息女（寿桂尼）綿十屯、其の外色々これを上す、大納言方（中御門宣秀）又別に上す、

とあり、氏親から将軍足利義稙への使者が上洛したことにともなって、宣胤のもとに、氏親・寿桂尼、それに駿府滞在中の嫡男宣秀からの進物が届けられている。氏親からの進物は

金一〇両（約一〇〇万円）、寿桂尼からの進物は綿一〇屯（一〇把に同じか）とその他であったことがみえている。前年九月の場合は、氏親から綿一〇把、寿桂尼から金一〇両であったから、今回はちょうどその時とは逆になっている。

そして『宣胤卿記』にみえる寿桂尼の動向の最後となるのが、同年十一月二日条（静七三四）であり、

二日、晴、駿河の使〈小川〉を召し状ならびに下し物を渡す〈後花園院勅筆清少納言枕草子上〉、息女方《(寿桂尼)》に食楼唐等也、帯五筋を小川に遣わす、酒を勧め了、

とある。十月二日に氏親から将軍足利義稙への使者として上洛してきた小川が、駿河に下向するにあたって、寿桂尼に「食楼唐」などを贈っている。

以上が『宣胤卿記』にみえていた寿桂尼の動向になる。その内容は、寿桂尼と父宣胤との間の書状や進物のやり取りに終始しているが、機会をみてはそれらのやり取りを行っていた状況をうかがうことができる。宣胤が死去するのは、これから七年後の大永五年（一五二五）のことであったが、その間の日記も残存していたならば、引き続いての両者の交流の記事をみることができたに違いない。

三条西実隆に「源氏物語」外題を所望

寿桂尼と京都の公家との交流については、もう一つ、三条西実隆との交流を知ることができる。三条西実隆は、当時において最高峰の公家文化人であった。氏親の姻戚の正親町三条家の分家であるとともに、屋敷も隣同士に位置していて、正親町三条家と親密な関係にあっただけでなく、寿桂尼の父中御門宣胤とも、歌道を通じて親密な関係にあった。

その実隆の日記『実隆公記』には、寿桂尼の動向が一回だけ確認できる。その大永四年（一五二四）十一月二十日条（静八五二）に、

廿日辛巳、晴、（中略）中御門（宣胤）一品禅門の状有り、駿河守護（今川氏親）女房（寿桂尼）源氏の外題《げだい》所望の事の伝達也、

とある。これによって寿桂尼が、所持していたとみられる「源氏物語」への外題の執筆を三条西実隆に引き受けてもらえるよう、父宣胤に申し入れをして、それをうけて宣胤が実隆に依頼したことが知られる。

氏親は三条西実隆と直接に交流があったが、寿桂尼は直接の交流はなかったことがわかる。しかし、父宣胤を通じるかたちをとって、交流していたとみることができる。寿桂尼はここで「源氏物語」への外題の執筆を依頼しているから、いうまでもなく「源氏物語」の写本を所持していたことが知られる。これは、寿桂尼の教養について具体的に知ることができる唯一の事柄になるが、このことだけでも寿桂尼が「源氏物語」などの古典文芸書を所有し、それらを学んでいたということがわかる。おそらくその素地は、父宣胤によって培われたものに違いない。

夫の氏親は、戦国大名としては抜群の文芸通として存在していたが、氏親のそのような取り組みはまさに寿桂尼との結婚以後のことであった。そのことからすると、氏親の文芸への関心と取り組みは、寿桂尼からの影響をうけてのことであったかもしれない。

氏親の晩年と死去

氏親は、永正十五年（一五一八）から自ら出陣することはなくなっていた。その前年の遠江出陣以後は、自ら「所労以ての外に候」と述べていて（戦今三一七）、しかも死去の一〇年ほど前（ちょうど永正十四年頃）から鬱病に罹るようになっていた。それにより、領国統治についても、軍事行動についても自ら判断することはなくなり、その報告をうけるだけになっていた、という（『宗長日記』）。

その場合、氏親に伝える役割を果たしたのは、「家」妻である寿桂尼や、家老たちであったと推測される。もっともその後における氏親の発給文書や行動をみると、氏親が全く政治・軍事について判断しなくなったというわけではなかったと考えられる。とはいえ、先の『宗長日記』の内容は無視できるものではなく、何らかの補佐をうけるようになったことは想定される。そこで、寿桂尼が補佐するようになったことは十分に考えられる。そのことを具体的にうかがうことができる事例はみられないものの、家長に意見することができるものとして、最有力に位置したのは「家」妻であったからである。寿桂尼が家長を補佐し、場合によっては家長を代行するようになったのは、この時に始まったと考えられる。

氏親はさらに、大永四年（一五二四）からは眼病にも罹って、出家して法名紹僖を称し、発給文書における署判も、花押を記さずに朱印「紹貴」を使用するようになっていた。その後の発給文書は、大永四年に一通、同五年に一通、同六年に四通、他に同五年か同六年のものとみなされる一通がある。出家後の発給文書数は著しく少なくなっている。そのなかで、同六年については四通と多いが、氏親はこの年六月二十三日に死去するので、これは死去する直前に出されたものになる。それらの状況をみておきたい。

一通目となるのは、四月十四日付の「今川仮名目録」（戦今三九七）である。写本しか残されていないが、署判部分には「紹僖印判在り」とあるので、法名紹僖の署名と、おそらくは「紹貴」朱印が押捺されていたとみなされる。これは三三ヶ条から成る分国法であり、戦国大名が制定した、法典の形態をとった分国法としては、最初のものである。このことをみただけでも、氏親の領国統治のあり方と内容が、当時いかに先端にあったかがわかる。内容は、これまで領国統治において判断してきたもの、いわば判例を集成したものである。ここで分国法を制定したのは、後を継ぐ氏輝のために、以後の紛争解決にあたっての根拠とさせようとしたのであった。その氏輝については、前年十一月に十三歳で元服させていた。これらのことから、氏親はこの時点で隠居を考えていたか、すでに死期を悟っていたことが考えられる。

この「仮名目録」制定について、その文章が漢字仮名交じり文であり、それは主に女性が使用するものであったことから、寿桂尼が主導したものとみる推測もある（久保田昌希前掲書）。たしかに与えた先の氏輝はすでに元服していたから、真名文《まなぶん》が相応しいとも思われる。その場合には、文章形態の選択は書き手側の問題になり、実際の執筆を主導したのは女性であり、すなわち寿桂尼とみることができる。しかしながら、家族に宛てた私的な書状などには漢字仮名交じり文が使用されることも多く、また分国法としても、関東の結城家が制定し

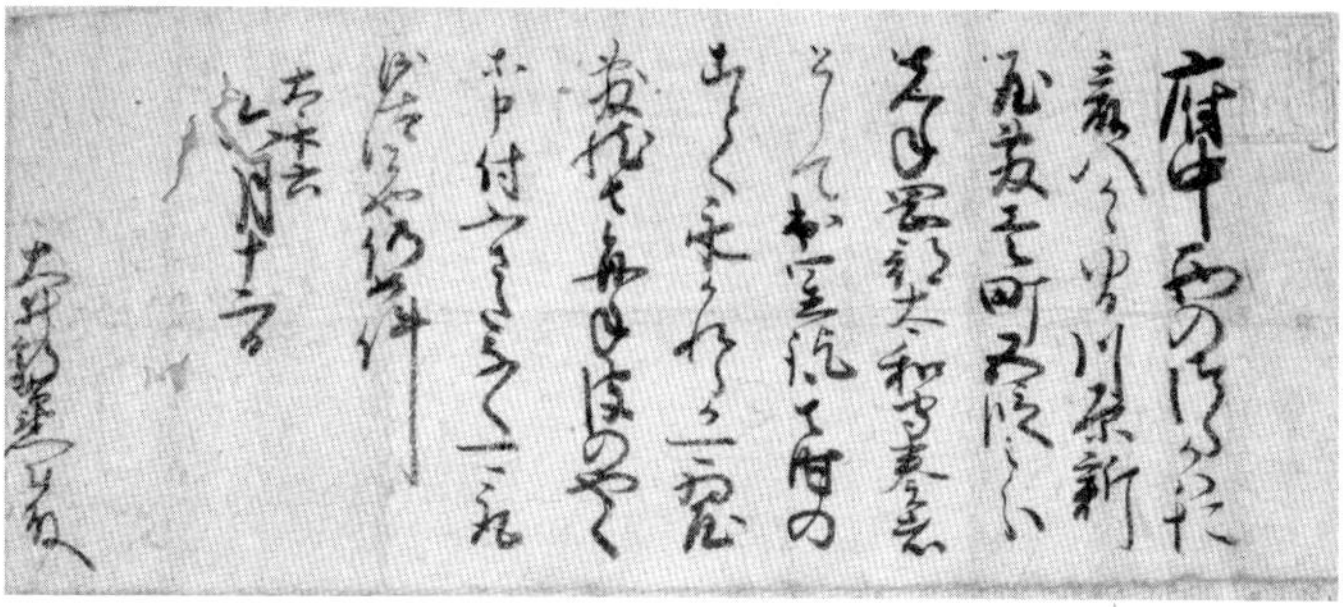

大永6年（1526）6月12日付今川氏親朱印状（静岡市蔵）

た「結城氏新法度」も漢字仮名交じり文であることをみると、必ずしもそのことにとらわれる必要はない。この時期、氏親が単独で政務にあたっていたのではなかったらしいことからすると、これに寿桂尼が関与していた可能性は十分に考えられるとはいえ、嫡男氏輝に私的に与えたものとして、漢字仮名交じり文が使用されたとみるのが妥当であり、氏親の主導性がなかったわけではないと考えられる。

二通目は、五月十七日付で遠江における家臣・孕石《はらみいし》光尚に諸役免除などを保証した朱印状であり、「紹貴」朱印が使用され真名文で書かれている（戦今三九八）。

三通目は、六月十二日付で駿府皮多《かわた》を統括する家臣・大井新右衛門尉に宛てて皮多彦八の所有屋敷を安堵する朱印状であるが（戦今三九九）、これはそれまでのものとは異なる性格になっていて、漢字仮名交じり文で書かれている上に、朱印は「氏親」朱印が使用されている。この朱印は、「紹貴」朱印が使用される以前に使用されていたものであった。そのため、この文書については、やはり久保田昌希氏により、実際は寿桂尼によって出されたと考えられている。使用朱印の逆行現象がみられ、氏親による発給とは考えがたいことから、私もそう考えてよいと思っている。

ただし、同文書の右筆《ゆうひつ》（執筆者）は、氏親の発給文書の右筆であり、前田利久氏の調査によれば、大永二年からみられるようになっているという「右筆B」にあたる（「今川氏輝文書に関する一考察」大石泰史編『今川義元』所収）。このことが意味しているのは、内容は寿桂尼の決裁によるものであったが、執筆は氏親の右筆によること、本来は氏親が使用する朱印が使用されていることから、文書の作成は氏親の執務室で行われたのであろう、ということである。それはすなわち、ここでの寿桂尼の文書発給は、個人としてのものではなく、今川家の家長を代行して、今川家として出したものであった、ということである。もしかしたら「氏親」朱印が使用されているのは、寿桂尼がいまだ自身の朱印を作製しておらず、しかし「紹貴」朱印では氏親による発給になるため、あえてそれと異なる朱印を使用したことによるのかもしれない。

最後の四通目は、死去の五日前となる六月十八日付で駿河久能寺《くのうじ》（静岡市）に与えた久能寺浦への寄木（流木）の取得などの特権を保証したもので、署名は「沙弥紹僖」とあり、真名文で書かれている。写本のため、使用された朱印については不明であるが、真名文であることから、氏親の判断により出されたものであったと理解される。そうであれば、その六日前に出された「氏親」朱印状は、やはり特殊な状況のなかで出されたものであったことが認識される。

そして六月二十三日に、夫の今川氏親はついに死去した。五十四歳であった。寿桂尼と結婚してから二二年目のことになる。寿桂尼も四十一歳くらいになっていた。この時点で今川家は、駿河・遠江二ヶ国に加えて三河半国を領国としており、当時においては最大級の戦国大名となっていた。しかし、後を継ぐべき嫡男氏輝は、まだ十四歳という年少であった。当然ながら、政務にあたっては補佐が必要であった。そして、その補佐には生母であり「家」妻である寿桂尼があたっていくことになる。

氏親の葬儀

氏親の葬儀は、死去から八日後にあたる七月二日、嫡男氏輝を主催者に、菩提寺とされた曹洞宗寺院の増善寺で、同寺住持の居廓元宗《きよかくげんそう》を大導師として行われた。氏親の葬儀については、法事にともなって作成された法語（戦今四一三）だけでなく、葬儀の内容や式場での参加者の座配図なども残されていて、その様子を詳しく知ることができる（戦今四一四〜四一五）。その概要については、今枝愛真氏（「戦国大名今川氏と禅宗諸派」拙編『今川氏親』所収）や黒沢脩氏（「今川氏親と曹洞禅」「今川家執権雪斎長老と寿桂尼」同前書所収）の研究に記されているので、関心のある方はそれらを参照いただきたい。

　葬列では、氏親の遺体がおさめられた龕《がん》（棺）の担ぎ手を岡部七郎二郎と福島越前守、氏親の馬の牽き手を興津《おきつ》藤兵衛正信《とうひょうえまさのぶ》、氏親の太刀持ちを朝比奈左京亮泰能（もしくは三浦平五）といった重臣が務め、紼《ひきづな》持ちを三男の「善徳寺の御曹司」承芳、位牌持ちを次男の「花蔵の御曹司」恵探が務め、それに白衣を着した「近臣衆・被官衆・御一家衆」七六七人が随行し、主催者の氏輝と寿桂尼（御前様）とその御供衆の輿・駕籠は四十六乗りであったという。さらには参列した内外の僧衆は七千人余りであったというから、いかに盛大なものであったかがうかがわれる。まさに駿河・遠江・三河三ヶ国の大大名の葬儀に相応しいものといえよう。

　本堂での葬儀では、龕の最も近くの上座には、寿桂尼が位置し、それに次いで主催者の氏輝が位置している。ここに、名目的な主催者は後継者の氏輝であったものの、実質的な主催者は、「家」妻の寿桂尼であったことが明確に示されている。このような戦国大名家の葬式の座配図などは他には残されていないので、「家」妻がどのような位置で参加していたのか比較することはできない。しかし、寿桂尼の場合、嫡男氏輝が年少ということもあって、実

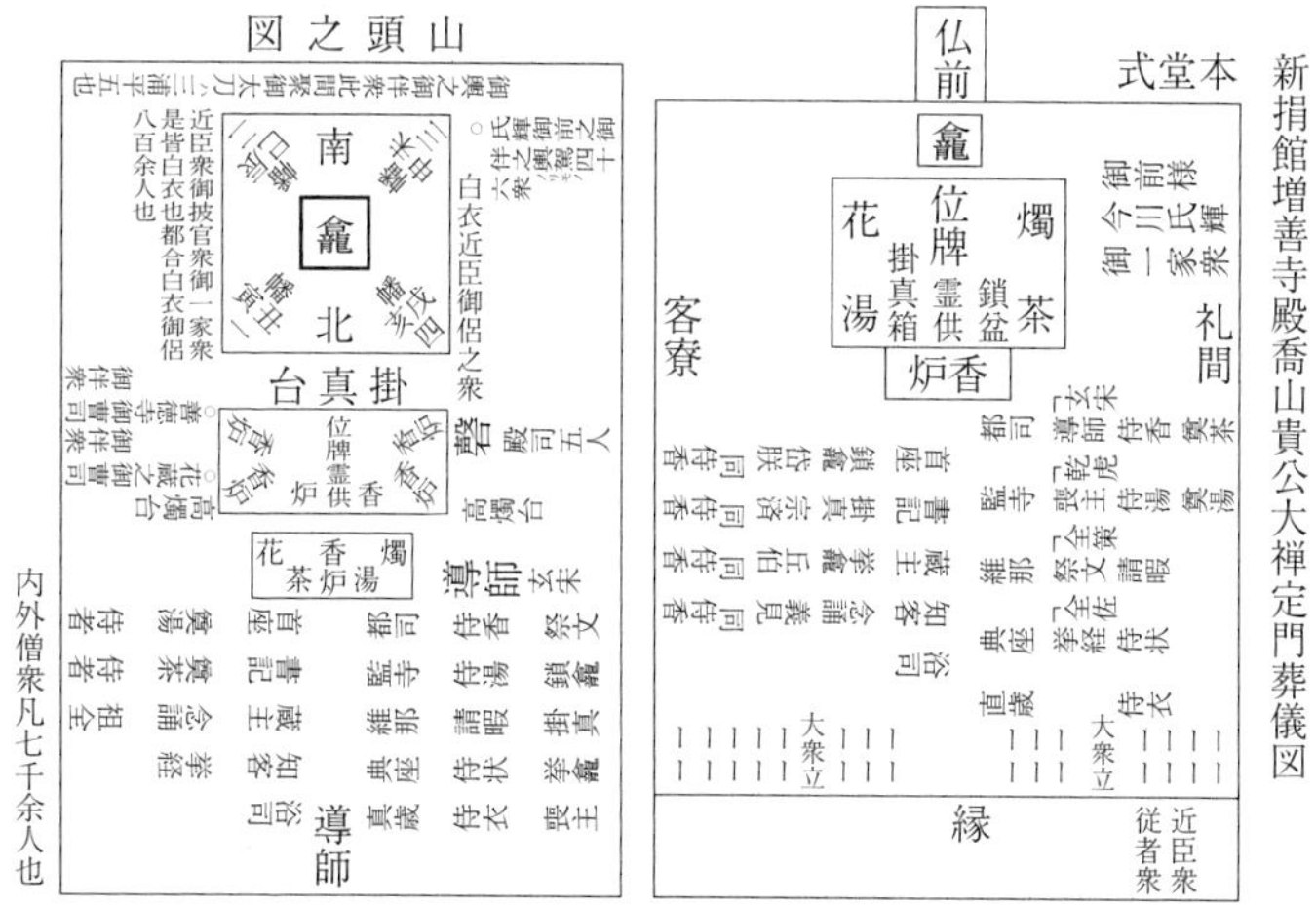

今川氏親葬儀図（「今川氏親葬儀記」〈増善寺所蔵〉）

質的な主催者であったとみてよく、しかもそれが席次にも示されていたといえる。

　葬列において重要な役割を担った人々の人選とその役割も、おそらくは寿桂尼の判断によるものであったろう。山頭（火葬場）では、龕の手前の掛真台《けしんだい》の左側に、善得寺殿承芳、花蔵殿恵探の順で着席しており、このことから次男恵探と三男承芳の序列は、承芳のほうが上位にあったことがわかる。この序列が、氏親生前からのものであったのかは確認できないが、少なくともここでの序列は寿桂尼の決定であったことは確実であろう。また、龕の担ぎ手などの役割が重臣の岡部・福島・興津・朝比奈・三浦氏に割り当てられているが、彼らはいずれもそれぞれの惣領家の当主ではないとみられるので、氏親と特に親しい関係にあった家臣であったのであろう。あるいは、福島越前守と朝比奈泰能の存在をみると、寿桂尼と親しい家臣が選択されたとも考えられる。

このように、死去した国王の葬儀を実質的に執り行ったのは、「家」妻の寿桂尼であったとみることができる。次期国王が年少の場合、実質的に葬儀を差配するのは、「家」妻の役割だったことがわかる。同時に、先代の国王の実質的な継承者であったことを示していよう。この氏親の葬儀において、寿桂尼が示した立場は、今川家中のみならず領国全体に対しての表明でもあったと考えられる。

第三章　おんな家長の実像

寿桂尼の発給文書

大永六年（一五二六）六月二十三日に今川氏親が死去したことをうけて、その家督はただちに嫡男氏輝によって継承された。七月二日に行われたその葬儀も、氏輝が当主となったうえで行われたものと思われる。おそらくこれにともなって寿桂尼は、前当主の後室として、「大方様」と称されるようになったと考えられる。

ところが、氏輝はこの時、まだ十四歳の少年にすぎなかった。しかも、戦国大名家の当主として公文書を発給することができるようになる儀礼である「判始め」を済ませていなかったと推測される。氏輝の発給文書が確認されるようになるのは、二年後の大永八年（享禄元年）三月のことになる。その間において、今川家として公文書の発給は、氏輝の生母であるとともに、今川家の「家」妻であった寿桂尼によって行われるのであった。

寿桂尼の発給文書については、現在のところ二七通の存在が確認されている。その内容について本格的に研究したものに、久保田昌希氏の研究がある（「今川氏親後室寿桂尼発給の文書について」拙編『今川氏親』所収）。また、氏輝発給文書との関係について検討したものに、前田利久氏の研究がある（前掲「今川氏輝文書に関する一考察」）。本書ではそれらの研究成果を踏まえながら、寿桂尼の発給文書を一通ずつ取り上げ、詳しく検討していくことにしたい。それによって、戦国大名家の正妻ないし「家」妻の具体的な役割を把握していきたい。

二七通の発給文書は、時期によって性格が異なることがすでに明らかにされている。久保田氏の研究を参考にしつつ、あらためて性格による時期の区分を行うと、次のように区分することができる。

○第一期　大永六年九月二十六日付（1号）～同七年四月七日付（4号）
○第二期　享禄元年十月十八日付（5号）～天文三年五月二十五日付（15号）
○第三期　天文十六年四月二日付（16号）～永禄二年十二月二十三日付（23号）
○第四期　永禄六年三月二十八日付（24号）～同七年十二月吉日付（27号）

あらかじめ各時期における発給文書の性格について述べておこう。第一期は、氏輝の家督相続から、氏輝の文書発給が開始されるまでの時期にあたり、寿桂尼の発給文書が今川家の公文書として機能していた。第二期は、氏輝の文書発給が途絶してから、再び寿桂尼の発給文書が今川家の公文書として機能した時期で、天文元年に再び氏輝による文書発給が開始されるものの、安定的ではなく、同三年までは寿桂尼の発給文書がその代行の役割を果たす場

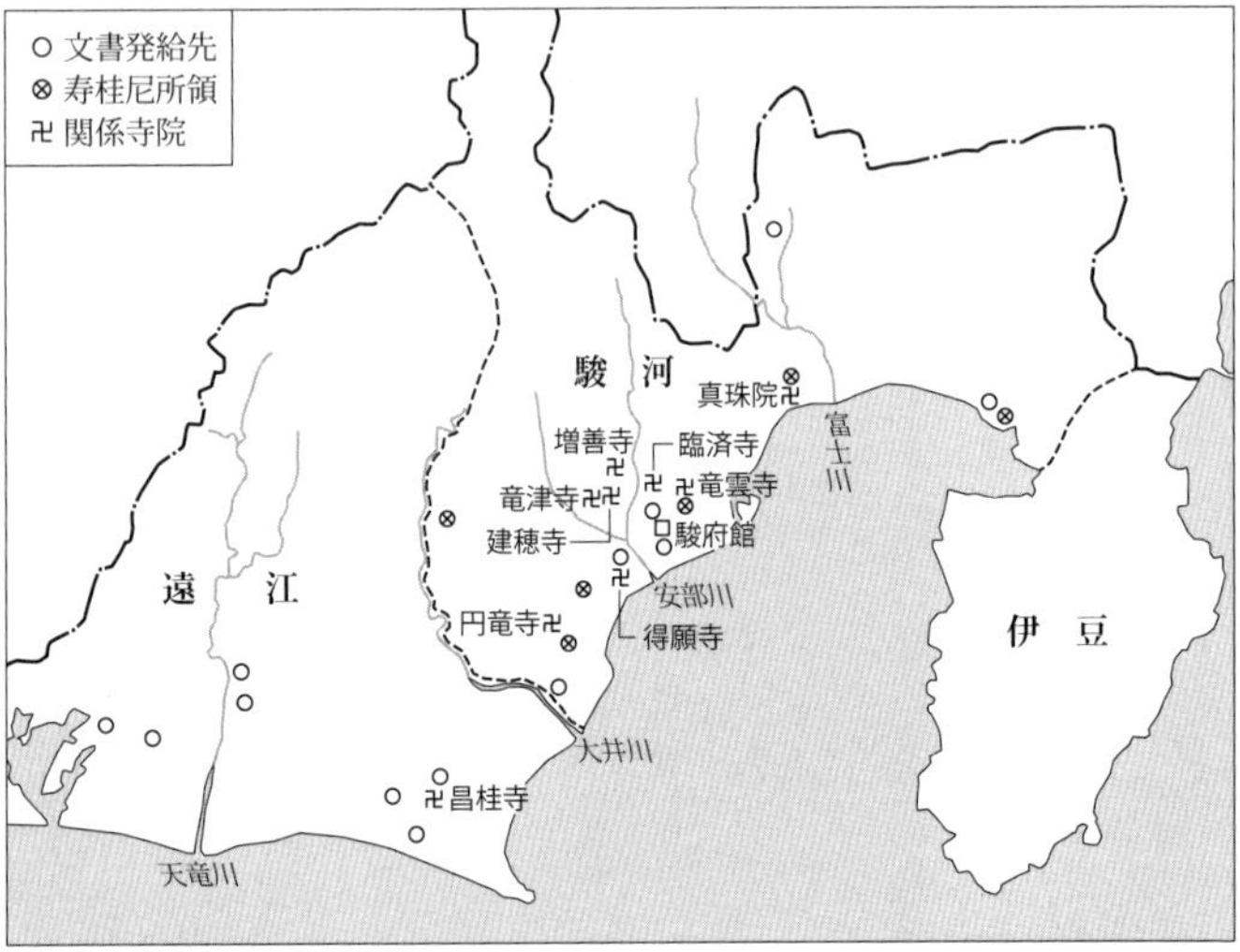

寿桂尼発給文書関係図

合があった。この時期は、寿桂尼の発給文書しかみられない時期と、氏輝の発給文書と寿桂尼の発給文書とがみられる時期に大きく区分することができるが、その詳細については後に述べる。第三期は、義元の当主期で、寿桂尼が駿府に居住していた時期にあたり、自身の所領支配などのために出されている。第四期は、氏真の当主期で、寿桂尼が駿府を出て竜雲寺に居住していた時期にあたり、第三期と同様に自身の所領支配などのために出されたものになる。

　このように、寿桂尼の発給文書は、氏輝当主期と義元・氏真当主期とで大きく性格が異なっている。氏輝当主期においては、当主氏輝が発給文書を出せない事情のために、それに代わって、まさに当主代行として出されていたものになる。それに対して義元・氏真当主期においては、そのような当主代行としてのものはなく、基本的には自身の所領支配などのために、いわば自身の家政支配のために出されたものになっている。すなわち、氏輝当主期におけるものは、戦国大名家の「家」妻として、当主役割を代行するものであった。そのため、こうした存在を「おんな家長」と表現することができよう。それに対して義元・氏真当主期におけるものは、戦国大名家の家族として自身の家政支配のためのものであった。

この二七通という発給文書数は、戦国大名家の女性としては類例をみない抜群の数量である。この数量を超えるものは、高台院寧々《こうだいいんねね》（羽柴秀吉《はしばひでよし》正妻）や芳春院《ほうしゅんいん》（前田利家《まえだとしいえ》正妻）など、豊臣政権期にならないとみられない。このことからしても、寿桂尼のこの発給文書数の多さが、広く戦国史全体を見渡しても類例のない、極めて貴重な事例であることがわかる。そうであるからこそ、それらの文書の内容と性格を十分に検討することで、戦国大名家の「家」妻の機能と性格について、男性家長と対比のうえで把握することができるのである。

寿桂尼文書の朱印と右筆

寿桂尼の発給文書は、すべて「帰《とつぐ》」朱印が押捺された朱印状形式となっている。署名があるのは、17号に「長勝院」、18・19・26号に「しゆけい《寿桂》」とあるだけであり、いずれも法名が記されている。なお9号には「氏輝」の署名があるが、これは後述するように、本来は氏輝の判物として出されるべきものであったことによる。

朱印は、「帰」の一字が陽刻された、一辺三センチメートル四方の方形朱印である。印文については、久保田昌希氏によってこれまでの解釈がまとめられている（『戦国大名今川氏と領国支配』）。すなわち、足立鍬太郎氏（「今川氏親と寿桂尼」所収『今川氏親』所収）は、氏親と結婚する際に父中御門宣胤から与えられたものと推測し、「帰」にはもともと「嫁ぐ」という意味があることをもとにして（『大漢和辞典』六巻七二三頁など）、「トツグ」と訓んだという見解を示している。また、永井路子氏は印文について、「詩経」の「桃夭」の一節にその典拠を求める見解を示している（『姫の戦国』上巻〈文春文庫〉一〇三頁）。

これらの見解のうち、朱印が父宣胤から与えられたということについては、そのような事例はみられないので考えがたい。しかし、印文については、現時点では明確にその当否を判断することはできないものの、久保田氏と同じく、有力な見解とうけとめることができる。

　また、寿桂尼の発給文書は、ほとんどが女性特有の漢字仮名交じり文で書かれている。ただし、9・14・15号の三通については、全文が真名文で書かれている。これは、久保田氏がすでに指摘しているように（「今川氏親後室寿桂尼発給の文書について」）、本来は氏輝による発給を予定して作成されたものであったためと考えられる。さらに、そのうちの15号は、本文の末尾が「成敗を加えられる所《べしカ》」とあり、「被」の一字が入る奉書形式になっている。これは寿桂尼が、上位者の意思をうけて出したことを示すものになる。寿桂尼の発給文書で奉書形式になっているのは、これ一通のみである。それらの詳しい発給事情については、それぞれを取り上げるときに触れることにしたい。

　そのうえで注目しておきたいのが、それらの右筆（執筆者）である。氏輝当主期については前田利久氏による貴重な検討がある。それによれば、一五通のうち写本の二通を除いた残り一三通について、

○1・3・4・5・6・8・10・12・13・14号　右筆B
○2・7・9号　右筆A

と判別されている。そしていずれの右筆も、氏親時代から存在しており、氏輝の代にもそれらの右筆は引き続き活動していたことが明らかにされている。これによって、氏輝当主期における寿桂尼の発給文書すべての右筆が、その両者によるものであったことがわかる。このことから、この時期における寿桂尼の文書発給は、今川家の執務室で作成され、今川家の公文書として出されたという性格であったことが、明確に認識されるものとなる。

それでは、義元・氏真当主期についてはどうであろうか。16・19号の二通は写本のため、これらを除いた一〇通については右筆を確認することができた。その結果として確実にいえるのは、いずれについても義元・氏真の右筆とは一致しないということである。これは、氏輝当主期とは大きく異なることであり、義元・氏真当主期における寿桂尼の文書発給は、全く自己の家政機関によって行われたと認識される。

したがって、それらの文書の右筆は寿桂尼の家政機関に所属する人物、もしくは日常的に関係の深い人物であったとみなされる。筆跡を確認していくと、17・18号と21号、23・25号、24・26・27号がそれぞれ同筆と判断できる。そして、判断は難しいものの、残る20号は17・18・21号と、22号は23・25号と同筆の可能性が高いとみられる。それぞれの右筆を1・2・3として区分すると、

○17・18・20・21号（天文十八年～同二十年）　右筆1
○22・23・25号（永禄二年～同六年）　右筆2
○24・26・27号（永禄二年～同七年）　右筆3

という具合になる。このことからすると、寿桂尼の右筆には、天文年間には一人、永禄年間になって二人ほどが存在していたとみることができそうである。

寿桂尼朱印状の登場

夫氏親が死去し、嫡男氏輝が今川家当主を継承してから三ヶ月ほど経った大永六年（一五二六）九月から翌同七年四月まで、寿桂尼の朱印状が出されている。それは四通の存在が確認されている。その間、新当主氏輝の文書発給は行われていない。それら寿桂尼による文書発給は、今川家の「大方様」という「家」妻の立場から、まだ政務を執ることができない氏輝に代わって、当主の代行を務めるものであった。

（読み下し）

（朱印）

とおとうみの国むらくしのうち大山寺りょう田地参町四段ならびにやま・はやし等の事、
右、国ふにゅうとして、そういなくりょうしょうせしめおわんぬ、新きがん所として、
武運ちょうきゅう・国家あんぜんのきねん、しゅぞう・勤行等たいてんあるべからす、
ぞうぜん寺殿（今川氏親）の御判にまかせて、つぎめそういあるべからざるもの也、仍て件の如し、

大永六ひのえいぬ年九月廿六日

大山寺理養坊

（現代語訳）

遠江の国村櫛の内大山寺領の田地三町四段と山・林について

右については、国不入（今川家賦課の諸役免除）であることを間違いなく領承した。（今川家への）新祈願所として武運長久・国家安全の祈念、（建物の）修造、勤行（仏道修行に励むこと）などを怠ってはいけない。増善寺殿の判物の内容の通りに、代替わりにより（その内容を）変更することはない。

【1号文書（戦今四一九）】

本文書が、現在のところ、寿桂尼の発給文書として最初に確認されるものになる。遠江村《むら》櫛《くし》庄大山寺《だいせんじ》（浜松市）の理養坊に宛てて、同寺の寺領等について今川家から賦課される「国役（領国一律に賦課される公事）」を免除する特権を確認し、また同寺を今川家の祈願所に指定する代わりに、今川領国の武運・安全についての祈禱などを勤めることを命じる内容である。そして、それは「増善寺殿」すなわち氏親の判物の内容を踏襲したものであり、氏親からの代替わりにあたって、あらためてそれらの特権を承認したものであった。

氏親の判物は、永正十六年（一五一九）正月十一日付で出されたもので（戦今三三三）、内容は全く同一である。こうした特権などを保証する内容のものは、受給者・受益者からの申請をうけて出されるものであることからすると、氏親の死去をうけて、大山寺理養坊から氏親の時に認められた特権等の再保証が申請されてきて、それをうけて寿桂尼がそれを保証する朱印状を出すことになった、とみなされる。このように、当主の交替にともなって出される種々の諸権利について再保証する行為を「代替わり安堵」と位置づけている。

しかし、寿桂尼による保証は、今川家としては正式のものではなく、あくまでも当座のものであったらしい。というのは、この二年ほど後に、氏輝が政務を開始した時の大永八年（享禄元年）八月十三日付で、これと同内容を保証する氏輝の判物が出されているが（戦今四五二)、そこで引用されているのは氏親判物のみで、寿桂尼朱印状は引用されていないのである。それは氏輝による安堵が、氏親判物のみを踏襲するものであったことを示している。実際にはこのように、その間に寿桂尼による代替わり安堵があったのであるが、それは考慮されていない。このことから、今川家による正式の保証は当主の発給文書によって成されるものであり、寿桂尼によるものはあくまでも新当主が政務を執れない状況のなかでの、当座のものという性格であったことが認識される。

(読み下し)

(外題)

「　享禄五年三月六日

先の印判の如く領承申し訖《おわ》んぬ、

(今川氏輝花押)」

とおとうみの国にいの池なりしん田百ちょうの事、ぞうぜん寺殿(今川氏親)御ゆいごんにまかせ、まずまずふみわたし申すべし、ただし御やかた(今川氏輝)よろず事を御はからいのときは、その時のなりにしたがうべき者也、仍て件の如し、

(朱印)大永六年十二月廿六日

しょうけいじ

（現代語訳）

「以前の（寿桂尼の）印判状の内容を領承した」

遠江の国新野の池成り新田一〇〇町について。増善寺殿の御遺言の通りに、とりあえず踏み渡す（検地の結果として与える）ことにする。但し御屋形が万事を取り計らうことになった時には、その時の成り行きをうけいれなさい。

【2号文書（戦今四二五）】

前号から三ヶ月ほど後に出されたもので、遠江新野庄昌桂寺（菊川市）に池成新田を寺領として保証したものである。これについては氏親による判物は出されていなかったようであるが、氏親の遺言があり、それに従って出されたことが示されている。実際のところは判明しないが、すでに氏親の生前に要請が出されていて、氏親からは口頭での決裁があり、寿桂尼はそれに基づいて保証したという体裁がとられている、と理解される。

しかし、これは十全の保証ではなく、「御屋形」氏輝が政務をとるようになった時にはその判断をうける、という留保が付けられていた。そして実際に、氏輝が政務を執るようになってからの享禄五年（天文元年・一五三二）三月六日付で、氏輝はこの朱印状の内容をあらためて承認し、その証として本文書の袖（書き出し部分）に、花押を据えている。これはこの時に、この内容保証が氏輝に申請され、氏輝がそれを承認したことを示している。こうした行為を「外題安堵」と位置づけている。さらには、それから半年後の九月三日付で、その池成新田を同寺に寺領として寄進することの他、種々の特権を認めた定書《さだめがき》が出されている（戦今四八七）。そこにはこの寿桂尼朱印状については触れられていない。

ここで寿桂尼朱印状が認めた内容は、今川家としては初めての内容であった。それを寿桂尼朱印状で認めてはいるものの、今川家の保証としてはあくまでも当座のことにすぎず、正式な承認は当主の発給文書によって行われるべきものであったことが理解される。ここでも、寿桂尼による保証は正式のものにはなりえず、寿桂尼の政務は、新当主の自立までの当座のものという性格であったことが認識される。

（読み下し）

（朱印）

遠州みそののうち万石の六郎左衛門屋しき、とり出の城になさるるじょう、彼の名田納所の分四貫四百文よの事、そうじいん殿（惣持院心範）え申しことわり、城の程さしおかるるもの也、

仍て件の如し、

大永六《ひのえいぬ》

十二月廿八日

あさひな弥次郎殿（泰能）

（現代語訳）

遠州美薗の内万石の六郎左衛門屋敷を、砦の城にされるとのことなので、その名田の納税分四貫四〇〇文余について、惣持院殿に断りを入れて、城にした分を免除する。

【3号文書（戦今四二七）】

前号の二日後に出されたもので、懸河城主・朝比奈泰能に宛てられている。ただし、実際の受取人は遠江万石《まんごく》郷（万国、浜松市）の百姓六郎左衛門になる。万石郷は今川家の直轄領であったと考えられ、六郎左衛門は後に今川家の直臣となって「名主《みょうしゅ》」となり（戦今八三一）、沢木の名字を称するようになる（戦今一三四四）。宛名が朝比奈泰能になっているのは、彼が同郷への行政支配を管轄していたか、六郎左衛門の軍事行動が朝比奈泰能の指揮下で行われていたことによるか、と推測される。

六郎左衛門の屋敷は、信濃衆の侵攻の際に（戦今七三四）、要害化され、それにともなってその年貢負担地（「名田《みょうでん》」）からの年貢四貫四〇〇文のうち、要害化された分について免除としてもらえるよう、惣持院心範に申し入れることを認めている。惣持院心範は、駿府浅間《せんげん》社の別当寺である惣持院の住持で、一部の今川系図では氏親の弟にあげられていることからすると、今川家一族の出身であった可能性が高い。心範に年貢免除を申し入れるのは、同郷にはその所領が設定されていて、そのため領主である心範から了解を取り付ける必要があったからと考えられる。

この内容を申請してきたのは六郎左衛門であるが、それを取り次いできたのが朝比奈泰能であったのであろう。六郎左衛門は、この時は今川家の直臣になっていなかったので、直接に文書の宛名とはされず、朝比奈泰能に宛てるかたちがとられたとみなされる。

（読み下し）

（朱印）

遠江国はいばら郡上いずみ村の内心月庵、むねべち七間のぶんならびに諸やく等の事、

右、しいのお（増善寺）の末庵たるうえ、めんきょせしむる所、件の如し、

大永七ひのとのい

四月七日
心月庵

（現代語訳）

遠江国榛原郡上泉村の内心月庵の棟別七間分と（それに掛かる）諸役等について右については、（心月庵は）椎尾増善寺の末庵であるから、免除する。

【4号文書（戦今四二一九）】

遠江榛原郡上泉村（焼津市）の心月庵に、増善寺の末寺であることをもとに、同寺の門前の棟別七間分に賦課される諸役の免除を認めている。本文書は、遠江二俣《ふたまた》庄阿蔵《あくら》村の玖延寺《きゆうえんじ》（浜松市）に伝来しているものの、それは後の時代になってからと推測される。また、心月庵に出された今川家の文書で確認できるのはこれのみであるから、ここで寿桂尼が認めた内容が、その後にどのように扱われたのか知ることはできない。

氏輝の政務開始

氏親の死去からこの大永七年（一五二七）四月まで、およそ十ヶ月にわたって、今川家の政務は寿桂尼が執るものとなっていた。これから二ヶ月ほど後の六月三日、今川家はそれまで抗争を続けていた甲斐武田信虎との和睦を成立させている（静九七〇）。これは、氏親の死後における今川家の外交活動として初めて確認される事柄である。また、その二十日後の二十三日、氏輝は父氏親の一周忌に際して和歌会を催していて、これが当主となった氏輝による政治活動として最初に確認される事柄となっている（静九七二）。

これらのことからすると、氏輝はこの六月には、当主としての活動を開始するようになっていたことがうかがわれる。すなわち政務の開始である。武田家との和睦も、氏輝が政務を執るようになったことで実現しえた、逆にいえば氏輝が政務を執れるようになったことで和睦できた、ということであった可能性が高い。

そして氏輝は、翌同八年（享禄元年）三月二十八日から発給文書を出すようになっている（戦今四四三〜四四八）。この日に出されたものとして七通の存在が確認され、しかもその内容は同じではなく、複数の家臣や寺社に宛てて所領や特権などを保証していることからすると、この時の文書発給が、氏輝の文書発給の開始にあたっていた可能性が高いとみられる。そして同年九月十七日付まで、その文書発給が確認される（戦今四五八）。しかし、そこで氏輝の文書発給はいったん途絶するのである。理由は判明しないが、体調不良によるものであったと推測される。そしてそれをうけて、再び寿桂尼による文書発給が行われるのであった。

再度の当主代行

寿桂尼の朱印状は、氏輝の文書発給がみられなくなってから一ヶ月後の享禄元年（一五二八）十月から出されるようになっている。そこでは氏輝の文書発給は停止された状態になっており、寿桂尼が再び当主代行として文書発給を行っている。その状況は、三年後の享禄四年まで続き、その間における寿桂尼朱印状は一〇通が確認されている。

（読み下し）
（朱印）
府中西のつらかわたひこ八かかゆる川原新屋敷壱町五段の分、先年岡部大和守奏者として出し置き訖ぬ、其の時のごとく永くかれらが屋敷たるべし、然らば毎年皮のやく等申

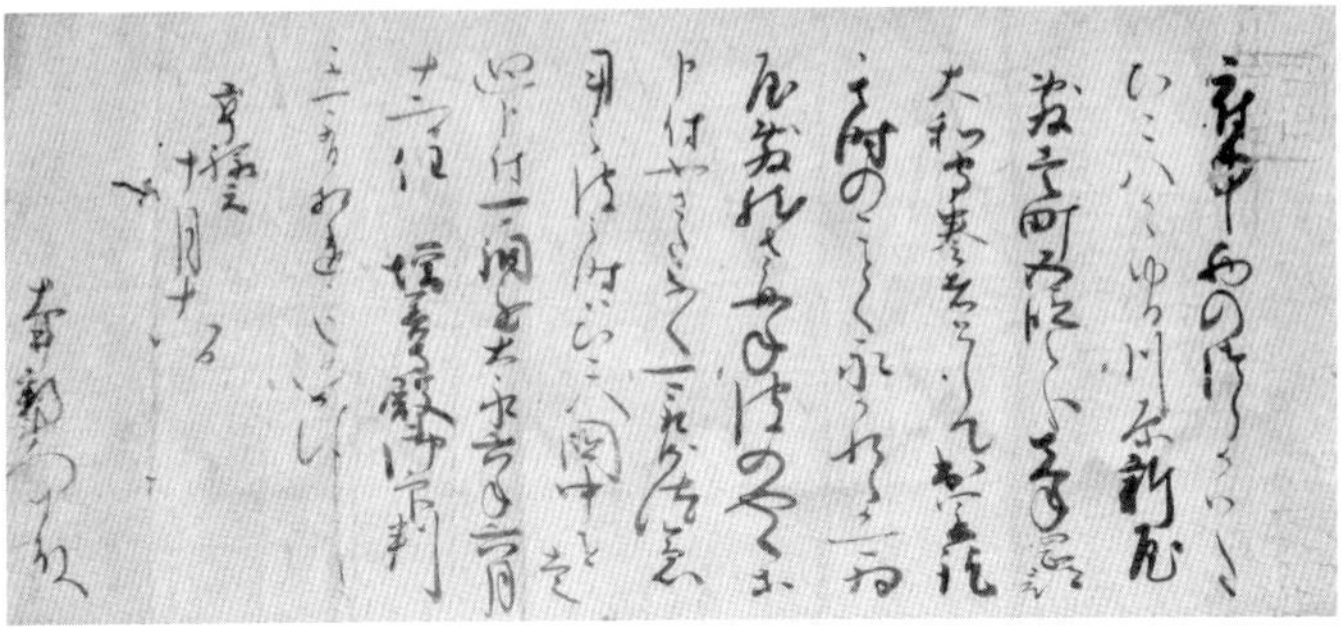

享禄元年（1528）10月18日付寿桂尼朱印状（静岡市蔵、右筆B）

し付け、ぶさたなく取り沙汰すべし、急用の皮の時は、ひこ八国中を走り廻り申し付け調進すべし、大永六年六月十二日増善寺殿（今川氏親）御印判に任せて、相違有るべからず候也、仍て件の如し、

享禄元

十月十八日

大井新衛門尉殿

（現代語訳）

府中西の面の皮多彦八が所有する川原新屋敷一町五段分は、先年に岡部大和守が奏者となって与えたものである。その時の通りに期限なく彼らの屋敷としなさい。そうなので毎年負担させている皮の役等を言いつけて、疎かにしないで処置しなさい。急に皮が必要になった時は、彦八に領国中を奔走させて調進しなさい。大永六年六月十二日の増善寺殿の御印判状の通りに、（そ

の内容を）変更することはない。

【5号文書（戦今四五九）】

この文書の内容は、前章で取り上げた、氏親が死去直前の大永六年六月十二日付で「氏親」朱印で出されたものと同一で、同文書を継承するかたちで出されている。同文書について、漢字仮名交じり文であることと、使用朱印が当時用いられていた「紹貴」朱印ではないことから、実質的には寿桂尼によって出された可能性があることについては、そこで触れた通りである。

ここで同文書の内容をあらためて保証しているのであるが、それは受給者から申請があったためであろう。理由としては、氏輝への代替わりがあったため、代替わり安堵を求めたことが考えられる。しかし、氏輝は政務をとれない状態になったため、寿桂尼が当主代行として朱印状を出したと推測される。なおこの案件について、その後に確認される今川家当主の発給文書にはみられていないので、これがその後、どのように扱われたのかは確認できない。

（読み下し）

駿河国富士郡うえ野の郷の内大石寺門前しょやくならびにむねべちとうの事、

右、先年喬山（今川氏親）めんきょのはんぎょうをなしおかるるところに、他所にあずけしっきゃくと云々、しさい長池九郎左衛門尉親能しょ状まぎれなきゆえ、御きめとして申しうけらるる間、せんれいにまかせて、もんぜんむねべち・かごふしん・ざいもくとうをもたする人足、諸てんやくめんきょおわんぬ、竹木をきりとり、或いはせつ生、或いはろうぜき、いらんのやからあらば、はやくちゅうしんのうえ、きゅうめいあるべき者也、仍て件の如し、

（朱印）

享禄弐年三月十九日

大石寺

（現代語訳）

駿河国富士郡上野の郷の内大石寺の門前（に掛かる）諸役と棟別役等について

右については、先年に喬山が免除する判物を与えていたところ、他所に預けて失却したという。事情は長池《ながいけ》九郎左衛門尉《くろうさえもんのじょう》親能《ちかよし》の書状に記されていることに間違いないため、御決定として与えられたことであるので、先例の通りに、門前に掛かる棟別役・駕籠普請役・材木などの運送人足役、諸夫役を免除する。竹木の伐採、動物の殺生、狼藉といっ

た秩序を乱す行為をする者がいたら、すぐに連絡をしてきたらその罪をただすことにする。

【6号文書（戦今四六一）】

駿河富士郡上野郷の大石寺《たいせきじ》（富士宮市）に、門前屋敷に賦課される諸役などの免除を保証したもので、「喬山」、すなわち氏親の判物を継承するかたちをとった代替わり安堵になる。ただし、その氏親判物は現在は伝えられていない。これも氏輝が政務を執れないために、寿桂尼が出すことになったのであろう。この後、氏輝が政務に復帰した享禄五年六月二十日付で、これと全く同内容のものが氏輝判物で出されている（戦今四八四）。そこでも引用は氏親判物だけで、この寿桂尼朱印状については触れられていない。

（読み下し）

（朱印）

するがの国さわだのごうのうちにしぶん五とうぜんえもんあいかかゆるでんぱく・やしきの事、

右、きたがわ殿御とき、けんちあって御さだめのごとく、百六十三かん六百文ねんぐいげそういなくなっしょせしめ、ひゃくしょうしきとしてあいかかえべし、もしよこあいよりかのかかえのぶんのぞむやからありというとも、そういあるまじきものなり、仍て件の如し、

享禄二己丑

十二月七日

五とうぜんえもんとの

（現代語訳）

駿河の国沢田郷の内西分の後藤善右衛門が所有する田畠・屋敷について

右については、北川殿が支配していた時期に、検地が行われて御決定された内容の通りに、一六三貫六〇〇文の年貢以下を間違いなく納め、百姓職として所有しなさい。もし横合いからその所有する分を要望する者がいたとしても、（その内容を）変更することはない。

【7号文書（戦今四六五）】

駿河駿東郡沢田郷（沼津市）の有力百姓の後藤善

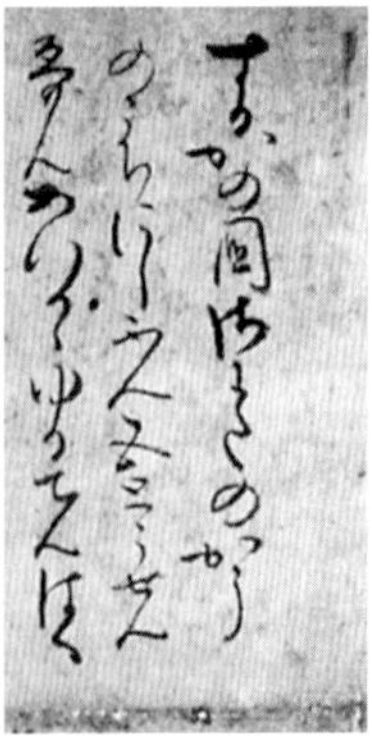

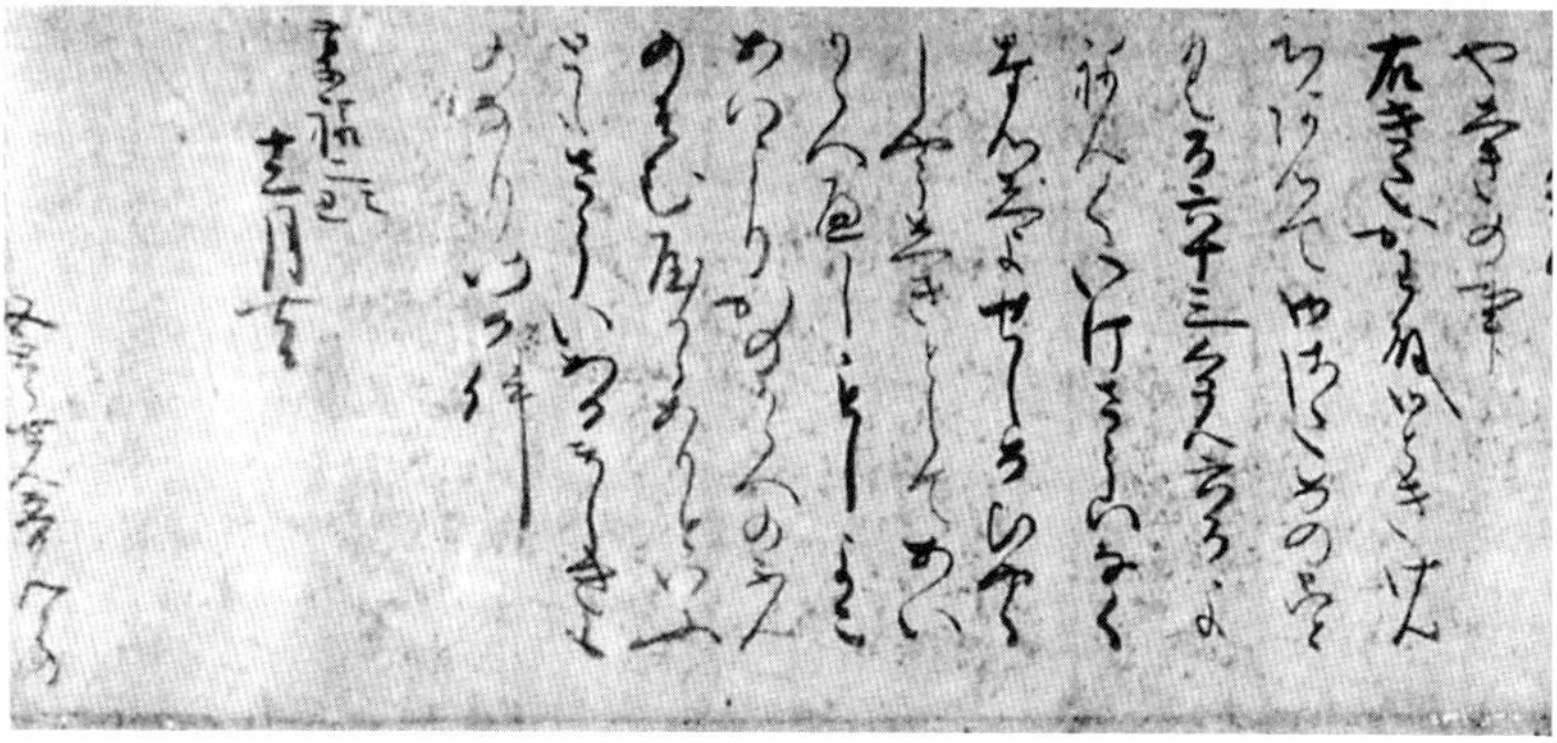

享禄2年（1529）12月7日付寿桂尼朱印状（『沼津市史 史料編 古代・中世』所載写真を転載、右筆A）

右衛門に、所有田畠・屋敷を安堵し、同所からの年貢一六三貫六〇〇文などの確実な納入を命じているものになる。後藤の所有地については、北川殿が領主の時に行われた検地によってその貫高が決定されたことがみえているから、同郷はもともと、北川殿の所領であったことがわかる。その北川殿は、この年の五月二十六日に死去していた。

　そして、この時点では年貢などの納入を命じているから、今川家の直轄領になっていたか、寿桂尼の所領になっていたことが考えられる。北川殿の死去によって、どちらかに切り替えられたのであろう。どちらであったのかは判明しないが、今川家の公文書として出されていることからすると、前者の今川家直轄領であった可能性が高いとみられる。いずれにしても、これは領主の交替による代替わりにともなって出されたと理解される。

【8号文書（戦今四六六）】

（読み下し）

（朱印）

駿河国沼津郷の内みょうかく寺寺中むねべちならびに四分一の人足以下諸やく、めんじおわんぬ、但ししぜん御ようの事あらば、くしま越前しておおせいださるべき所、件の如し、

享禄二

十二月十一日

みょうかく寺

（現代語訳）

駿河国沼津郷の内妙覚寺の寺中の棟別役と四分一役の人足役以下の諸役を免除する。但し万一にそれらの諸役を（今川家から）賦課されることがあれば、福島越前を通じてお命じになられることとする。

前号の四日後に、前号の沢田郷に隣接する沼津郷（沼津市）の妙覚寺に出されたものである。同寺の門前屋敷に賦課される四分一人足役などの諸役を免除している。ただし、諸役免除については「自然御用」、すなわち領国防衛のための緊急事態の際には適用されないことが断られていて、その時は家老の福島越前守から命令が出されることが示されている。

この沼津郷も北川殿の所領であったから、これも領主の交替にともなって出されたと理解される。同郷はこの時には、沢田郷と同じく、今川家の直轄領とされていたと推測される。諸役賦課の命令者として出てくる福島越前守は、それを命じる立場にあったのであるから、同郷で代官を務める立場にあったとみなされる。

氏輝署名の寿桂尼朱印状

寿桂尼は享禄元年（一五二八）十月から翌同二年まで、当主代行を務めていたが、明けて享禄三年正月になると、氏輝の政務復帰の兆しがみられるようになっていたらしい。そのことをうかがわせるのが次の文書である。

（読み下し）

（朱印）

駿河国富士北山の内本門寺の事、

一つ、棟別ならびに諸役、不入の地として御免許の事、

一つ、本門寺寺号証文御領承の事、

一つ、彼の地において、地頭より陣僧・棟別諸役等これ有らざるの事、

右の条々、先の御判の旨の如く、不入の地として定め置く者也、仍て状件の如し、

享禄三〈庚寅〉年正月廿九日　氏輝

（現代語訳）

駿河国富士北山の内本門寺について

一つ、棟別役と諸役は、不入（諸役免除）の場所に指定して御免除する

一つ、本門寺の寺号についての証文の内容について、御領承する

一つ、その地に対して、地頭から陣僧・棟別諸役などの賦課はなしとする

右の条文については、以前の御判物の内容の通りに、不入の場所として取り決める。

【9号文書（戦今四六七）】

駿河富士郡北山本門寺（富士宮市）に、寺領への棟別諸役の免除、「地頭（今川家から所領として与えられた給人）」からの陣僧役などの諸役の免除を保証したものである。「先の御判」というのは、大永二年（一五二二）三月十九日付で出された氏親判物のことで（戦今三六七）、内容は同一であるから、これはそれをうけて出された代替わり安堵にあたる。

この文書について、何よりも注目されるのは、本文は真名文で書かれていて、本紙と懸紙《かけがみ》（封筒にあたる）における署名は「氏輝」と記されていることである。これは、すでに久保田氏と前田氏の指摘があるように、本来は氏輝の判物として出される予定にあった。あとは氏輝が花押を据えるだけの状態まで準備がすすめられていた。しかし、その段階になって氏輝は花押を据えることができない状態になり、そのため代替として袖に寿桂尼が「帰」朱印を押捺して出したと理解される。

このことは、この時期における寿桂尼の文書発給の性格が、当主氏輝のあくまでも代行であったということを認識することができる、端的な事例といえるであろう。氏輝が文書発給を行えず、そうした状況のために、「家」妻である寿桂尼による文書発給がなされたのであった。そしてこの文書は、氏輝の署名があることをもって、その後においては「代々の判形（判物）」として認識されるものとなっている（戦今七一四）。

この文書は、署名が氏輝にもかかわらず朱印は寿桂尼のものが使用された、極めて珍しい書式になっている。寿桂尼の場合においても、これが唯一の事例になっている。しかしこの存在によって、戦国大名の発給文書においては、事情によって、署名と花押・朱印に齟齬がみられうるということが認識されることになる。そのことを具体的に認識させてくれるものとして、極めて貴重な事例である。

当主代行の継続

氏輝は、享禄三年（一五三〇）正月に快復しかかっていたが、結局は政務に復帰することはできず、引き続き寿桂尼が当主代行を務めるのであった。

（読み下し）

駿河国新長谷寺かい地の事、

右、大永八年九月十五日かんしゅんゆずりにまかせて、あておこなわるる御はんぎょうあるうえ、国分寺の内きゅうしゅ安西寺かた、国大くかた、くま野領のうちにい野かた、東は道をかぎり三十三けん、西はやくしの道をかぎり拾五けん、南はおもて五十けん、北は四十弐けん、合わせて千参百つぼ、このほか国大工かたおもてのみちの分四拾弐つぼの事、永く地とうのいろいなく、当屋敷にあいさだめおわんぬ、この上拾弐俵仏供分の事、まいねんいたすべし、ならびに諸やくちょうじせしむ、しからばしゅうぞう・ごんぎょうたいてんあるべからざるところ、件の如し、

（朱印）

享禄三〈庚寅〉年三月十八日

千代菊殿

（現代語訳）

駿河国新長谷寺の買い地について

右については、大永八年九月十五日の観舜の譲り状の通りに与えた御判物があるから、国分寺の内給主安西寺方・国大工方・熊野領の内新野方の、東は道を境に三三間、西は薬師の道を境に一五間、南は面五〇間、北は四二間、合わせて一三〇〇坪、その他に国大工方面の道の分四二坪について、期限なく地頭が干渉することなしに、当屋敷にすることを取り決める。その上で一二俵の仏供分について、毎年その負担をしなさい。それとともに（同所に）諸役を賦課することを停止する。そうなので（建物の）修造・勤行

（仏道修行に励むこと）を怠ってはいけない。

【10号文書（戦今四七一）】

駿河駿府新長谷寺の住持千代菊に、前住の観舜からの譲与所領の領有を保証したものである。すでに大永八年（一五二八）九月十五日付で、そのことは氏輝判物によって保証されていて（戦今四五七）、この文書もそれをうけて出されたかたちになっているが、ここでは具体的な所領内容が列挙されている。氏輝判物は譲与そのものを承認したにとどまり、実際の所領内容についての保証が求められる状況が生じて、それが申請されてきたので、この文書が出されたのであろう。

（読み下し）

遠江国ふたまた阿蔵むらのうち玖延寺領の事、

ふたまた近江守昌長きしん状の内、田畠おなじく山ともに、さかいをたつる判のごとく、

ならびに山ひがしのうち、朝比奈下野守時茂新田畠・同山ともにきしん状のごとく、

右、増善寺殿（今川氏親）三つうの御判・御印判のむねにまかせて、当相転のりょうしゅ相違あるべ

からざるところ、件の如し、

「御朱印」

享禄三《かのえとら》年六月廿七日

玖延寺

（現代語訳）

遠江国二俣阿蔵村の内玖延寺領について

（境は）二俣近江守昌長の寄進状にある、田畠と山ともに境を立てた判（印し）の通り。また山の東のうち、朝比奈下野守時茂による新田畠と山ともに寄進状の通り。

右については、増善寺殿の三通の判物・印判状の内容の通りに、現在相伝している領主から変更することはない。

【11号文書（戦今四七三）】

遠江二俣庄阿蔵村（浜松市）の玖延寺に、今川家臣の二俣昌長《ふたまたまさなが》・朝比奈時茂《ときしげ》から寄進された寺領を安堵するものである。内容は、氏親の「三通の御判・御印判」をうけて、それと同様のことを保証している。もっとも、それらは残存していないので具体的な内容は確認できない。ただし、それらは二俣昌長・朝比奈時茂の寄進状三通に、氏親が花押あるいは朱印で証判を加えたものであったことが、後の氏輝判物の文面から理解される。ともかくも先行して氏親による安堵があり、この寿桂尼朱印状は、それら寄進状に証判された内容を、あらためて一通の文書で保証するものとなっている。それが申請されてきたのは、やはり氏輝への代替わりにともなうものであったろう。

その後、氏輝が政務に復帰すると、天文二年(一五三三)五月二十四日付で、同内容を保証する氏輝判物が出されている(戦今四九九)。そこで継承されているのは、氏親の「証判」という、やはり氏親の安堵のみになっている。氏輝の政務復帰をうけて、あらためて氏輝判物による保証が求められたことがわかる。その後さらに、義元の代になった同五年十二月付で、義元による代替わり安堵の判物が出されている(戦今五八六)。そこで継承されているのは、やはり「増善寺殿(氏親)」と「臨済寺殿(氏輝)」の判物だけで、寿桂尼朱印状の存在は考慮されないものとなっている。氏輝判物が出されたことで、寿桂尼による保証能力は回収されたという認識であったことがうかがわれる。

(読み下し)

遠江国米蔵郷ごくらく寺寺領壱町五段の事、

此の内五段は、勝福寺持徳庵領也と云々、
右、先れいのごとく、住持しきりょうしょう相違あるべからざるもの也、仍て件の如し、
（朱印）
享禄三年六月廾日
極楽寺

（現代語訳）
遠江国米蔵郷極楽寺の寺領一町五段について
このうち五段は、勝福寺持徳庵領であるという。
右については、先例の通りに、住持職であることを領承し、変更することはない。
【12号文書（戦今四七四）】

前号の三日後に出されているもので、遠江米蔵郷《こめぐら》（森町）の極楽寺に、寺領を安堵したものである。同寺については、その後の今川家の動向が不明のため、ここでの内容がその後に今川家でどのように扱われたのかはわからない。

それから一週間後となる七月七日、氏輝は政治活動を再開していることがうかがわれ、そ

の日に和歌会を催している（静一〇八一）。続いて九月十三日も和歌会を催している（静一〇八八）。このことからこの頃、氏輝が政治活動を再開できるほどに、体調が快復していたことがわかる。しかし、その後はまた活動がみられなくなり、発給文書もみられない。そして翌享禄四年（一五三一）においては、依然として寿桂尼による文書発給が続けられた。

（読み下し）

駿河国しょうぶがやのうちしものやつ庵地、さかいそうざえもんばいとくせしめ、あんをたつると云々、林としてうえ木をなすべきよしある間、後年にかのはやしきんぺんかこのようなと申し、其の外見きり竹木めんじおわんぬ、此のむねを得、竹ぼくを植るべき者也、仍て件の如し、

（朱印）

享禄四〈辛卯〉年三月廿三日

酒井惣さえもん殿

（現代語訳）

駿河国菖蒲谷の内下谷庵地は、酒井惣左衛門が買得し、庵を立てたという。林にして植

木をするということなので、後年にその林の近辺を「かこ（加護）」していると言って、その他見かけ次第に竹木を伐採することを許可する。この内容を心得て竹木を植えてよい。

【13号文書（戦今四七五）】

駿河菖蒲谷（静岡市）の有力百姓とみられる酒井惣左衛門に、買得地に寺庵を立てるにともない、植林して林とすることを承認し、後年においてその林で竹木を伐採する権利を保証している。酒井惣左衛門について、その後の動向は判明しないので、ここでの内容がその後の今川家においてどのように扱われたのかは不明である。ちなみに、ここにみえる植林とは、具体的には竹を意味し、竹は軍事物資であったため、その伐採には戦国大名権力から規制がかけられるものであった。ここで、あえて林加護を理由に伐採の承認を得ているのもそのためであった。

（読み下し）

制札（朱印）

一つ、寺中において竹木伐り取るべからざるの事、

一つ、殺生すべからざるの事、
一つ、狼藉すべからざるの事、ならびに寺領共に、
一つ、棟別をさしおくの事、ならびに門前共に、
右、定むる所、件の如し、
享禄四年閏五月一日
華厳院

（現代語訳）
一つ、寺中で竹木を伐採してはならない
一つ、殺生してはならない
一つ、狼藉をしてはならない。また寺領についても同様
一つ、棟別役を免除する。また門前についても同様
右のことを決定する。

【14号文書（戦今四七六）】

遠江土方《ひじかた》上郷《かみごう》日《ひ》南《な》多《た》谷《だに》（掛川市）の華厳院に、寺中での竹木の伐採の禁止などを保証する

制札を出したものになる。同寺からそれらの内容の保証を求められ、それをうけて出したものとみられる。この文書について注目されるのは、全文が真名文で書かれていることである。このことから、この文書は氏輝によって出される予定のもので、本来は氏輝の花押が据えられるものであったことがわかる。ところが、ここでも氏輝は花押を据える状態ではなくなったため、代わりに寿桂尼が朱印を捺して出すことになったと思われる。

氏輝は、前年正月に政務を執れる状態になりかけたが、すぐにまた政務を執れなくなっていた。その後、七月にいったんは政治活動を再開するようになったが、やはりこの年に入ると、政務を執れる状態ではなくなっていた。四月になって、京都の公家の近衛《このえ》尚通《ひさみち》と書状と進物のやり取りをするようになっており、政治活動を再開していた（静一一〇八）。そして、この閏五月になって、再び政務を執れる状態になりかけたが、この時もそれができない状態となった。

このように、氏輝は大永七年（一五二七）六月から政務を執るようになったものの、実際には、翌享禄元年九月までのことにすぎなかった。その後は何度となく復帰の兆しをみせているものの、ついにこの享禄四年閏五月まで、ほとんど政務を執れない状態にあった。

そのような状況は、氏輝の体調不良によると推測されるが、具体的な病状などは判明していない。病弱であったと認識されるにすぎない。そのなかで、政務の代行にあたってきたのが寿桂尼であった。それは具体的にはここまでにおける一四通の発給文書によって示されている。しかも、それらにおける決裁も、寿桂尼の判断によるものであったとみて間違いないなかろう。

そのうえで注意しておきたいことは、その間において今川家の軍事行動は一切みることができないということである。今川家の軍事・外交に関しては、氏輝が政務を開始した時期に、甲斐武田家と和睦を成立させたことが確認されるにすぎない。これも、氏輝が病弱により政務を十分に執ることができなかったため、武田家と和睦することで軍事活動を停止できる状況にしたとも考えられる。そうであれば、当主の健在と軍事行動の展開との間に、一定の相関関係をみることができるかもしれない。総大将の存在とその活動が大きな意味を有していたことがうかがわれる。

寿桂尼はその間、領国統治においては当主代行を果たしていた。しかし、軍事・外交活動については確認されない。これがたまたまの史料残存の結果によるものなのか、実際にもそれらの活動は行っていなかったのか。また、それを行わなかっただけなのか、それとも行うことができなかったのか、その違いによって、寿桂尼の政治的性格は大きく変わることになる。この問題は、戦国大名家における男性家長と「家」妻との関係を考えるうえで重要な意味を持つと考えられる。しかし、寿桂尼の場合だけでは、その判断をすることはできない。

これについては、他の「家」妻の事例とともに検討していく必要があろう。

氏輝の政務復帰

氏輝はその後、享禄四年（一五三一）十一月二十五日に連歌師宗長と連歌会を催しており（静一一三六）、この頃には再び政治活動を開始するようになっている。そして翌同五年（天文元年）三月六日、かつて寿桂尼が昌桂寺に出した大永六年（一五二六）十二月二十六日付の朱印状（2号）に外題安堵を行って、政務を再開させており、続く四月には再び発給文書を出すようになり、ついに政務への復帰を果たしている（戦今四八一）。

氏輝による政務はほぼ三年半ぶりのことであり、氏輝はこの時、二十歳にまで成長していた。氏輝の体調が完全に快復したのかどうかはわからない。しかしこの後、四年後に死去するまで、今川家当主として、領国統治と軍事・外交活動を展開していく。そうしたなか、一通だけ寿桂尼の朱印状がみられている。

（読み下し）

（朱印）

富士金山へ上す荷物五駄、毎月六度、甲州境目相留むるといえども、金山の者共堪忍分として相違有るべからず、若し甲州へ通り越しこれ有るにおいては、堅く成敗を加えらる所《べしカ》、仍て件の如し、

天文三〈甲午〉

五月廿五日

大田神五郎殿

（現代語訳）

富士金山に上げる荷物五駄、毎月六度について、甲州との境目で荷留めしているけれども、金山で働く人々の堪忍分（生活品）であることから（通行することに）変更することはない。もし（荷物を）甲州に通り越すことがあった場合には、きちんと処罰がなされることになる。

【15号文書（戦今五一五）】

氏輝が政務を再開してから二年後の天文三年（一五三四）五月に出されたものである。しかも、この文書も全文が真名文で書かれたものになっている。このことから、この文書も先

にみた9号・14号と同じく、本来は氏輝の判物で出されるべきものであったと理解される。しかし、それらと同じように、氏輝に花押を据えることができない事情が生じて、寿桂尼の朱印が捺されて出されたと考えられる。

この文書は、駿河富士郡北山村（富士宮市）の有力百姓の大田神五郎に宛てたもので、内容は、富士金山に搬入する荷物五駄について、毎月六回、甲斐との通行を封鎖しているが、金山で働く人々の生活物資であることから、その通行を保証する、というものである。宛名の大田神五郎は、金山経営者か物資の輸送業者であったとみられる。ここでは甲斐との通行の封鎖、すなわち「荷留め」が行われていて、その場合でも金山に搬入する荷物について、通行を認めるものとなっている。

これは、今川家から富士郡の地域に甲斐との交通路における荷留めが行われ、そのため大田から通行の保証が申請されてきて、それをうけて出されたものと考えられる。おそらく、荷留めは富士大宮あたりで行われたのであろう。それより北部に位置する北山村は、そのままでは荷留めの規制をうけるので、通行許可を申請したと考えられる。甲斐武田家とは大永七年（一五二七）に和睦を成立させていたが、ここで甲斐との通行の封鎖が行われていることから、この時には和睦は破棄され、敵対関係になっていたとみなされる。そして、それから二ヶ月後の七月中旬に、氏輝は武田家と本格的に交戦を開始して、軍勢を甲斐に進軍させている（静一二九〇）。

この文書を寿桂尼が出しているということは、この時に氏輝は政務を執れない状態になっていたとみられる。この年の氏輝は二月末までは政務を執っていたことが確認される（戦今五一〇）。しかし、その後しばらくは確認できず、六月五日から再び政務を執るようになっている（戦今五一六）。そうするとこの時、ほんの一時的に氏輝は政務を執れない状態になり、そのため寿桂尼が代わりに朱印を押捺して文書発給したと考えられる。

ただし、この文書がそれまでのものと異なっているのは、文末の文章に「被」の一字が入れられていて、奉書形式になっていることである。これによって処罰の主体は、文書の発給者ではなく、その上位者であることが認識されることになる。この場合では、いうまでもなく当主の氏輝にあたる。これまで寿桂尼が当主代行として発給してきた文書は、すべて発給者の権限で出された直状形式のものであった。しかし、これだけが奉書形式にされている。理由はいろいろと想定できるものの、確定はできない。今後においても引き続き検討すべき問題であろう。ともあれ、この文書が氏輝当主期において、寿桂尼が当主代行として文書を発給した最後の事例であった。

寿桂尼による政務の性格

このように、寿桂尼は氏輝当主期において、氏輝が政務を執れない状態にあった場合、自身の「帰」朱印を使用した朱印状を発給して、今川家の政務を執ってきた。それは当主氏輝を代行するものであった。そこで出された朱印状は、現在確認されているものだけで一五通が存在している。

寿桂尼による政務代行は、氏輝による政務が全くみられなくなっていた、大永六年（一五二六）六月の氏親の死去直後から同七年四月までと、享禄元年（一五二八）十月から同二年十二月まで、そして同三年三月から同四年三月までの時期に、顕著にみることができる。その時期においては、今川家の領国統治は寿桂尼の主導によってすすめられ、その決裁は寿桂尼が判断し、その結果も寿桂尼の朱印状によって出されるものとなっていた。それらの文書は、今川家当主の右筆によって執筆され、今川家の執務室での作成であった。したがって、それらの朱印状は今川家の公文書として出されたものであった。

また、氏輝の政務復帰が予定されていたなかで、突如として政務が執れなくなった際、氏輝の花押に代わって、寿桂尼の朱印押捺で文書が発給されている事例を三通もみることができきた。それらのうち一通は、氏輝の署名があったため、その後も当主判物として扱われるものとなっている。その他の二通は、その後における今川家の扱いについては明確ではない。ここに、寿桂尼による文書発給が今川家の公文書の発給として扱われたことが明確に認識される。

しかし、その領国統治の性格は、男性家長の場合とは決定的な相違がみられていた。寿桂尼朱印状によって保証された内容は、必ずしも永続的なものとは認識されておらず、後に男性家長によってあらためて保証される必要があるとみられていた。実際に氏輝が政務に復帰すると、それら寿桂尼朱印状で保証されたことと同内容のものが、氏輝によって保証されている。またその際、そして次代の義元・氏真が保証する場合にも、寿桂尼朱印状は前例として引用されることはなく、氏親・氏輝の判物・朱印状だけが引用された。

これは、寿桂尼による決裁が永続的なものではなく、事実上の当主不在のなかで、当座の保証として機能するものであったことが認識される。ここに戦国大名家において、領国統治における永続的な保証は、男性家長によって行われるという認識をみることができるであろう。しかも内容をみてみると、家臣に対する所領充行《あてがい》（与えること）や軍事行動に関するものは全くみられていない。寺社領の安堵や諸役免除などについては、後にあらためて氏輝による保証がなされているが、知行《ちぎょう》充行などが全くみられないということは、寿桂尼であってもそれらの機能は代行できない性格のものであったと認識される。知行充行や軍事指揮は、まさに戦国大名家の家長に帰属する主人権に基づくものであった。寿桂尼であっても、氏輝が家長として存在している以上、その主人権を代行することはできなかったことが認識される。それを代行できれば、それはすなわち主人になることを意味したからであろう。

寿桂尼が代行した政務は、戦国大名家における政務全般にわたるものではなく、このように制限されたものであったことがわかる。したがって「おんな家長」の役割は、男性家長と同一のものではなく、あくまでも部分的に代行するものであったといえる。しかし、そうではあっても、寿桂尼がそれを代行したことの意味は大きいと考えられる。当主不在、あるいは幼少などで政務が執れない場合に、家老による集団統治、あるいは執政による代行などの方法もあった。

ところが、この今川家の場合においては、「家」妻である寿桂尼による政務代行が行われた。それが何らか条件の違いに基づくものであったのか、この時の今川家、とりわけ寿桂尼の存在が特異なものであったのかは、ひろく他の事例をも踏まえて考えていくことが必要な問題といえる。しかし、ここで重要なことは、寿桂尼は部分的なものであったとはいえ、当主代行として政務を執ったということであり、それが可能であったということである。そしてそこに、この時期の戦国大名家における「家」妻の役割の重要な部分を認識することができる。それはすなわち、当主が政務を執れない状態であれば、当主を代行することができた、ということである。そして、寿桂尼はその役割を果たしうる十分な能力があり、見事にそれを果たしえた存在であった。

第四章　庶子義元の擁立

娘たちの結婚

寿桂尼が産んだ娘たちは三人いたが、氏輝当主期にはいずれも結婚していた。長女・吉良義堯妻（徳蔵院殿）の結婚時期は、彼女が永正八年（一五一一）頃生まれであったとして、十五歳から二十歳くらいでの結婚であったとすれば、大永五年（一五二五）から享禄三年（一五三〇）頃のことと推測される。父の氏親はその間の大永六年に死去しているので、その結婚が氏親の生前のことであったのか、死後のことであったのかで、性格は大きく違ってこよう。しかし、現段階ではいずれかは明らかにならない。とはいえ、氏親の晩年は、その政務を寿桂尼が補佐していたとみられるから、いずれの場合においても、この結婚に寿桂尼の判断があったことは十分に考えられる。

次女・中御門宣綱妻については、永正十二年（一五一五）頃の生まれと推定され、氏親死去の翌年で十三歳頃の大永七年に、夫となる中御門宣綱が駿府に下向してきている。宣綱はその後、基本的には駿府に居住するようになっており、そのなかで結婚が行われたとみられる。この時には、少なくとも婚約は成立したと考えてよいように思う。そして結婚については、宣綱妻が十五歳から二十歳くらいのこととみれば、享禄二年から天文三年（一五三四）

頃のことであったと推測される。ちょうど享禄二年四月に、宣綱の父宣秀が大永七年以来の駿府滞在を終了して帰京しているので、あるいはこのことは宣綱の結婚をうけてのことと推測できるかもしれない。

宣綱妻の結婚が、兄氏輝当主期であったことは確実である。問題はその判断が、氏輝によるものか、寿桂尼によるものか、ということになるが、この時期の氏輝の政務への関わりの状況をみれば、実質的には寿桂尼による判断であったと考えてよいであろう。おそらく、長女の結婚についても寿桂尼の判断があったと考えられるから、子どもたちの処遇については、基本的には「家」妻として寿桂尼が差配していたとみられる。

そして三女・北条氏康妻（瑞渓院殿）の結婚は、天文四年（一六三五）末から同五年初めの頃に行われた。彼女は永正十五年頃の生まれと推測されるので、十八歳か十九歳くらいでの結婚であった。兄氏輝はすでに政務に復帰していて、天文三年・同四年に、北条氏綱と協同して甲斐武田信虎との抗争を展開するようになっていた。結婚はちょうどそれらをうけてのことになる。北条家は、氏親の母北川殿の実家であったこと、北条家とは同盟関係が継続されていたことからすると、婚約はこれよりも早い時期に成立していた可能性は考えられる。拙著『今川氏親と伊勢宗瑞』で推測したように、北川殿の生前に成立していた可能性も十分あるように思われる。

しかし、この結婚は、単に北川殿の実家である北条家との結婚というだけではなく、今川家にとっては、初めての自立した戦国大名家との結婚にあたり、すなわちすぐれて軍事・外交問題としての性格を持っていた。長女は、今川家の惣領筋にあたるものの、領国内に存在する吉良家と結婚し、次女は、寿桂尼の実家で、基本的には駿府に居住するようになっていた中御門家と結婚した。しかし、三女は同盟関係にある戦国大名家との結婚であり、それにより北条家とあらためて攻守軍事同盟を結ぶものであった。それは、この後における今川家の軍事・外交問題に密接に関わる性質のものであった。そして実際の結婚が、天文四年八月における、氏輝と北条氏綱との武田信虎への大規模な協同の軍事行動の展開を踏まえて行われていることからも、さらなる軍事・外交関係の密接化を目的に行われたものと考えられる。

このことは、この時期になって、今川家が取り結ぶ結婚が、戦国大名家としての軍事・外交問題に関わって行われるようになったという、その性格の変化を顕著に示している。一般的には、戦国大名家の結婚は、そのような対外的な軍事・外交関係にともなう「政略結婚」とみなされているが、そのような性格になったのは、この天文期（一五三二〜　）くらいからのことであった。今川家と北条家においては、まさにこの瑞渓院殿と北条氏康の結婚がその最初の事例であり、武田家においては享禄三年・天文二年における武蔵扇谷上杉家との結婚が最初になっている。戦国大名家の性格の変化が、その子どもたちの結婚の性格の変化をもたらしたと理解される。

瑞渓院殿の結婚は、そのような性格のものであった。この結婚の判断が、それまでにおける今川家の政務の在り方を踏まえると、当主氏輝だけによるとは考えがたいように思われる。やはり、それには「家」妻である寿桂尼の判断が大きく関わっていたとみるのが自然であろう。ただし、この結婚は対外的な外交問題を成し、そこでは当主同士による起請文《きしょうもん》の交換に代表される外交交渉が不可欠であったから、早くても氏輝が政務復帰した天文元年以降によ うやく準備がすすめられたと推測される。今川・北条両家の本格的な軍事協同の展開は、まさにその過程で実現されたとも考えられる。そして、それを踏まえての結婚であったとみることができるであろう。

氏輝と彦五郎の死去

天文五年（一五三六）二月初めから三月初めにかけて、今川氏輝は北条家の本拠の小田原城（小田原市）を訪問している。これはその直前に行われたと推測される、妹・瑞渓院殿と北条氏康の結婚にともなうもので、嫁の実家の当主が婚家に挨拶に赴く、「婿取り」訪問であったと考えられている。その前提には、婿が嫁の実家に挨拶に赴く「婿入り」訪問があることになるが、この場合では確認できていない。

ちなみに、この互いの訪問の在り方については、甲斐武田信虎とその娘婿の信濃諏方《すわ》頼重《よりしげ》の場合に典型をみることができる（平山優『川中島の戦い――戦史ドキュメント』上巻）。とはいえ、戦国大名家の場合でそれらの訪問がみられることは極めて少なく、今川家においてもほぼこの時だけになる。戦国大名家同士によるいわゆる「政略結婚」において、行われる場合とそうでない場合との理由の違いについては、今後において追究していく必要があると思われる。

氏輝は二月二日には小田原に到着していて（戦北一二四）、同月五日には同行してきた公家の冷泉為和も参加して、小田原城で和歌会が開かれている（静一三六四）。同月十三日には北条氏綱の次男為昌《ためまさ》、翌十四日は氏康の屋敷で、相次いで和歌会が行われている（「為和集」）。およそ一ヶ月ほど小田原に滞在して、三月初めに小田原を発って帰途についた。三月五日には途中の熱海で和歌会が開かれている（静一三六六）。駿府に帰還した日にちはわからないが、すぐに発病したらしい。その連絡をうけた北条氏綱は、鎌倉鶴岡八幡宮に氏輝の病気快復の祈禱を依頼して、同寺では十八日に、鎌倉建長寺・円覚寺の僧による大般若経転読による祈禱が行われている（静一三六八）。

ところが、その祈禱の前日の十七日に、氏輝は死去してしまった。わずか二十四歳であった。しかもあろうことか、その後継スペアの立場にあった弟の彦五郎も、同時に死去してしまった。永正十七年（一五二〇）頃の生まれと推定されるから、この時は十七歳くらいにすぎなかった。これにより今川家は、当主だけでなくその後継候補までをも一瞬で失うことになってしまった。二人の死因は不明であるが、氏輝は病気に罹っていたというのであるから病死であろう。さらに、同時に彦五郎も死去していることからすると、何らかの流行感染病などによるものであった可能性も考えられるであろう。

この両者の死去については、これまでの研究では、同日の死去であることをもって、そこに事件性をみるような見解も出されてきた。それらは、今川氏研究を代表する研究者によるものとはいえ、史料的根拠や整合性を欠いた単なる憶測にすぎない。事態の経緯を素直に理解するのでよいと考える。

とはいえ当主氏輝と弟彦五郎の同日の死去は、今川家に計り知れない衝撃を与えたことは間違いない。とりわけ両者の生母であり、今川家の「家」妻であった寿桂尼がうけた衝撃は察するに余りある。これによって、寿桂尼は新たな当主の擁立をすすめなければならなくなったが、寿桂尼が産んだ男子はこの二人だけであり、しかも、ともにまだ結婚していなかったので子どもも生まれていなかった。そこで、擁立する当主は実子からとはいかなくなった。

順当に考えても、候補者は庶子の次男・恵探と三男・承芳に限られていたであろう。ともに庶子ではあったが、氏親葬儀のところで触れたように、承芳のほうが政治的地位は上位に置かれていた。具体的な経緯などについては全く不明であるものの、寿桂尼は、新たな当主には、政治的地位の序列を尊重して、承芳を擁立することを決断したと考えられる。このことについて、今川家の家老たちとの相談があったのかどうかはわからない。しかし「家」妻であった寿桂尼が、最終的に判断したことであろう。

恵探と承芳の立場

恵探と承芳は、ともに父氏親が死去した際には、すでに出家の立場にあったから、出家は氏親の生前に行われていたことがわかる。その身の振り方については、最終的には氏親の判断によるものであったと考えられるが、子どもの処遇についての問題であったことからすれば、そこに「家」妻としての寿桂尼の判断もしくは同意があったことは間違いないであろう。

恵探は永正十四年(一五一七)生まれであったから、父氏親死去時には十歳、兄氏輝死去時には二十歳であった。駿河山西地域(駿河西部)の名刹で、志太《しだ》郡花蔵(藤枝市)にあった律宗寺院の遍照光寺に入寺していたため、「花蔵殿」と称された。同寺は、室町時代初期の今川氏当主の範国《のりくに》・範氏《のりうじ》・泰範《やすのり》の居館跡で、範氏によって建立されたと伝えられる、今川氏の氏寺の一つである。同地周辺は、室町時代の今川氏にとって、駿河における本領の性格を持っていた。恵探は、室町時代初期からの本領的性格の地に赴任したのであった。

承芳は永正十六年生まれであったから、父氏親死去時には八歳、兄氏輝死去時には十八歳であった。幼名を方菊丸《ほうぎくまる》と伝えられ、大永期（一五二一〜）初め頃に駿河富士郡善得寺（富士市）に入寺したとみられている。同寺も、駿河河東地域（駿河東部）における有力な臨済宗寺院で、室町時代中期に今川範政《のりまさ》によってその氏寺とされたものであった。承芳は大永四年から同寺住持となった琴渓承舜《きんけいしょうしゅん》に師事して、法名「承芳」を与えられた。

その直前にあたる大永二年（一五二二）か同三年に、氏親は承芳の師範として、駿河庵原氏の出身で京都建仁寺で修行していた太原崇孚《たいげんすうふ》雪斎《せっさい》を帰国させている。雪斎は善得寺で承芳の指南を務めたとみられ、住持琴渓承舜に師事して、「九英承菊《きゅうえいしょうぎく》」と名乗ったとみられている。そして承芳は、享禄二年（一五二九）の祖母北川殿の死去後に、その邸宅を与えられ、善得院として同地に居住したという。

善得寺への入寺、雪斎を師範としたことは、氏親の意思によるものであった。入寺が、大永期初めであったというのは、寿桂尼所生の四男彦五郎の誕生をうけてのこととみると整合する。そうであれば兄恵探の入寺も、同時期のことであったとも考えられる。しかし氏親は、承芳には特別な師範を用意した。さらにその死後においても、北川殿の旧宅を与えられて、駿府に居住するようになっている。これは寿桂尼の差配によるものと考えてよいであろう。そうするとそれ以前のことについても、寿桂尼の差配によるものであった可能性が想定される。

氏親と寿桂尼は、恵探と承芳との関係について、それぞれを入寺させた段階で、承芳のほうを上位に位置づけていたと考えられるであろう。その理由としては、両者の母、すなわち氏親の妾（女房衆）は、承芳の母のほうが出自の家格が上位にあったことが推測される。しかし、それだけではないように思われる。その後の義元（承芳）の治世をみるならば、幼少から利発さをみせていたのではないかと思われ、それゆえに寿桂尼は承芳に目をかけ、その成長に期待したように思われる。

享禄三年から同四年にかけて、建仁寺護国院主で雪斎の師であった常庵竜崇《じょうあんりゅうすう》が駿府に下向してきて、その間に承芳は竜崇のもとで剃髪得度し、梅岳の道号を与えられている。その後は雪斎とともに上洛して、建仁寺護国院で修行したとみられている。しかし、天文二年（一五三三）正月には駿府善得院で和歌会を催しているから（静一一九九）、在京は享禄四年から天文元年（一五三二）までのことであったとみられる。これらの時期は、氏輝が政務を執ったり執れなかったりした時期にあたっているので、承芳の処遇については、正式には氏輝の判断によるとはいえ、実際には政務を代行あるいは補佐していた寿桂尼の判断があったとみてよいであろう。

承芳については、天文二年十二月十日までは善得院居住が確認されるが（静一二四四）、その直後に再び雪斎とともに上洛して、同三年、同四年には京都で公家の三条西実隆と親密に交流していたことが確認される（小川剛生「戦国大名と和漢聯句」・戦今五五二）。そして、天文四年五月には善得院に居住しているので（静一三三七）、それまでに帰国したことがわかる。承芳は建仁寺で三年間修行したといわれているが、それはこの時のことを指すとみなされる。また帰国は、氏輝から武田家との抗争のために要請されたという。ちょうどその前年から、氏輝は武田家との抗争を展開するようになっていた。

この天文二年の上洛も、寿桂尼の差配によるものであろう。承芳はそこで、三条西実隆と交流しているように、在京の武家・公家との交流を深めたとみられる。三条西実隆とは、氏親も寿桂尼も交流を持っていた。そうした人脈が承芳にも継承されようとしていたことがうかがわれる。このようにみてみると、承芳の処遇は、実質的には寿桂尼の判断によるものであったと考えられる。特別な師範をつけ、さらに上洛させて修行させていることは、兄恵探にはみられない格別の処遇とみなされる。それは寿桂尼が、承芳を将来における今川家当主の補佐役にしようとしていたことを推測させる。

花蔵の乱の勃発

氏輝の死去をうけて、寿桂尼は新たな当主を立てることになった。この時、すでに五十一歳くらいになっていた。夫氏親が死去してから一〇年、その間、病弱な当主氏輝の代行あるいは補佐をしてきたが、寿桂尼としても人生の佳境は過ぎつつあったことは間違いないであろう。しかし、ここに大きな仕事が待ちうけるものとなった。氏輝の葬儀も行われたと思われるが、それについては全く伝えられることがない。たいてい当主の葬儀は、後継当主の主催によって行われるが、この時はどうであったのかは全くわからない。

氏輝と彦五郎の死去後における、今川家の動向として知られる最初は、それから一ヶ月後の四月二十七日のことで、「今日より乱はじまる」というものであった（静一三七二）。この「乱」とは、承芳と恵探による今川家当主の座をめぐる内乱を指している。この戦乱を、一方の当事者である「花蔵殿」恵探にちなんで、「花蔵の乱」と称している。この戦乱の概要や研究史については、前田利久氏の研究（「〝花蔵の乱〟の再評価」大石泰史編『今川義元』所収、「花蔵の乱の研究史と争点について」小和田哲男編『今川氏とその時代』所収）に詳しいので、そちらを参照いただきたい。

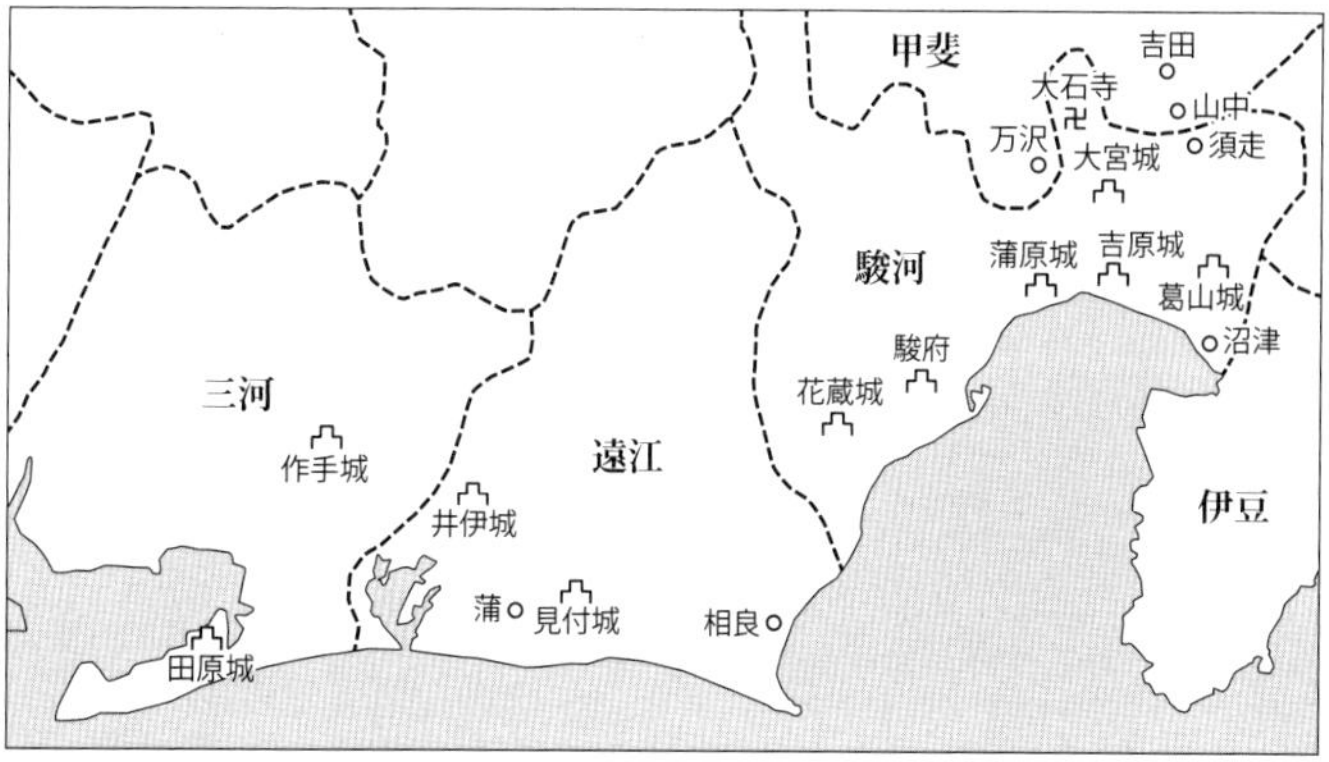

花蔵の乱・河東一乱関係図

寿桂尼は、後継当主に承芳を決したと考えられる。承芳と恵探とでは、承芳のほうが地位が高いうえ、その能力も評価していたであろうから、その決定は極めて順当といえよう。ところが、この動きに接してそれに反対する勢力が出たようで、庶兄の恵探を擁立して対抗した。中心は恵探の母方実家の福島氏一族であったらしい。そして、四月二十七日から両勢力の間で武力抗争が開始され、内乱となった。

なお、その直後となる五月三日付で、室町幕府将軍足利義晴《よしはる》が「今川五郎」に今川家の家督相続と将軍家の通字「義」字の授与を認めたことを伝える、幕府家臣大館晴光《おおだちはるみつ》の副状《そえじよう》が作成されている（戦今五四二）。この「今川五郎」は「義」字を与えられているから、後の義元にあたる。これは今川家から、承芳を還俗《げんぞく》させ、氏親・氏輝の歴代の仮名を襲名した「今川五郎」と名乗らせたこと、家督を継いだこと、それにともない将軍から偏諱を与えてほしいことなどの申請があり、それをうけて出されたことはいうまでもない。申請から文案の作成までの時間を考慮すると、遅くても四月のうちにはそのような申請が出されたとみられることになる。

その場合、それを判断したのは寿桂尼しかありえない。そうであれば、寿桂尼は承芳の家督相続を決定するとすぐに、室町幕府に承認を求める行動をとったことになる。とはいえ、こうした将軍の御内書は、日付をさかのぼらせて作成されることも多かった。この場合では、実際に承芳が実名義元を名乗るのは、承芳と名乗っている最後が六月十日、義元の名がみえる最初は八月五日であるから、その間のことになるが、この御内書の日付から三ヶ月も後のことになっている。京都から届けられるのにどれだけ時間がかかったとしても、これは不自然である。そのためこの御内書の日付は、さかのぼって作成された可能性が指摘されている（木下聡「室町幕府との交渉の展開」拙編『今川義元とその時代』所収）。

したがって、この御内書は、承芳が戦乱の勝利を確定した六月になってから室町幕府に申請されたと考えるのが自然とみられる。それはいうまでもなく、戦乱をへて今川家当主になったことに対して、室町幕府に承認してもらうためであったろう。またそこで祖父義忠以来となる「義」字の偏諱をうけているのは、承芳（義元）が嫡出ではなかったため、当主としての権威を補完しようとしたものと思われる。

　ところで、この花蔵の乱における寿桂尼の立ち位置について、近年では有光友學氏（『今川義元』など）を中心に、恵探を支持していたという見解が出されている。しかし、その史料的根拠は成立せず、そのため寿桂尼は、当初から承芳を新当主に擁立したと考えられることを、筆者はすでに『北条氏康の妻　瑞渓院殿』で述べている。有光氏の問題提起以来、関連する事象について双方の立場からの解釈が出され、それに応じて異なる位置づけが行われるようになっている。

　しかし、それらはつまるところ、寿桂尼を承芳方とみるか恵探方とみるかの違いから生じているにすぎず、決定的な根拠があってのことではない。そのため本書では、恵探方とみることで生じている解釈や評価逐一について取り上げたり、反論したりすることは省略する。その概要については浅倉直美氏の研究（「北条氏との婚姻と同盟」拙編『今川義元とその時代』）を参照していただくことにし、本書では寿桂尼に関する具体的な動向についてのみ取り上げることにしたい。

戦乱での寿桂尼の立場

　戦乱における寿桂尼の動向として具体的に確認されるのが、「甲陽日記《こうようにっき》」（「高白斎記《こうはくさいき》」）天文五年（一五三六）五月二十四日条（静一三七八）の記事である。この記事の解釈がこれまでの研究で大きな問題になってきた。

（読み下し）

同五月廿四日夜、氏照《氏輝》の老母《寿桂尼》、福島越前守宿所へ行く、花蔵《恵探》と同心して、翌廿五日未明より駿府において戦い、夜中福島党久能へ引き籠もる、

（現代語訳）

同じく五月二十四日夜、氏輝の老母は福島越前守の宿所に行った。（福島越前守は）花蔵に同心して、翌二十五日未明から駿府で戦い、夜に福島の人々は久能に引き籠もった。

戦乱は四月二十七日に開始されていたが、その後、五月十日に、北条家が把握した情報として、氏輝の家督をめぐり「善得寺殿（承芳）」と「花蔵殿（恵探）」が「争論の合戦」を行っていて、そのために駿河から調達することになっていた鎌倉鶴岡八幡宮造営に使用する材木が用意できないことが記されている（静一三七六）。すでにこの時には、駿河で戦乱が展開されていたことがわかる。

さらに「甲陽日記」の記事では、それに続いて戦乱の動向を知ることができる。五月二十四日の夜、寿桂尼は恵探方の福島越前守の宿所に行った。その翌日未明に駿府で合戦があり、敗北した福島勢は久能城に後退した、というものである。そして、この二つの事柄を繋ぐ文言として「花蔵ト同心シテ」とあり、その動作主体を寿桂尼ととって、寿桂尼は恵探を支持していたとする見解が出されたのであった。しかし、これはよく読めば、動作主体は福島越前守ととるのが妥当である。彼が恵探に味方して駿府で合戦し、敗北して久能城（静岡市）に後退した、という文章として理解できる。

この記事からわかるのは、戦乱開始後も、寿桂尼は駿府館に在所していたことである。これは、恵探擁立の場合には理解できないこととといえ、承芳を擁立し、すでに駿府館に迎えていたと考えられる。そして、恵探方となる福島越前守の宿所を訪ねているから、この時にはまだ福島越前守は駿府に在所していたことがわかる。彼は氏親の葬儀において龕の担ぎ手を務め、今川家直轄領の沼津郷で代官を務めたように、氏親の側近あがりの重臣であったとみなされる。そのような立場から、まだ承芳方に敵対していなかったのであろうが、ここにきて恵探方支援の立場をみせるようになったと思われる。そして、寿桂尼がその宿所を訪れたのは、翌日未明に合戦になっているのだから、説得のためとみるのが妥当である。福島越前守が駿府館を攻撃しようとしていたのか、あるいは承芳方から攻撃しようとしていたのか、そのような状況にあり、停戦あるいは降伏などの働きかけを行ったものと理解される。
　これらのことから、この戦乱で寿桂尼が恵探の擁立を図っていたとみることはできないであろう。戦乱展開後も寿桂尼は駿府館にあり、その駿府は承芳方が優勢であったことがわかる。したがって、寿桂尼が当主に承芳を就ける立場をとっていたことは間違いない。この記事は、かつて寿桂尼が恵探支持であったことを示す根拠とされてきたが、逆にすでに承芳を当主に擁立していたことを決定づける内容である。

寿桂尼の「注書」とは

　戦乱に関わって寿桂尼の動向がみられる史料はもう一つある。天文五年十一月三日付今川義元感状《かんじょう》（戦今五七二）である。これは、義元が戦乱の終結後、重臣岡部親綱《ちかつな》に宛てた感状であり、そのなかで寿桂尼の動向が記されている。

（読み下し）
今度一乱に就き、所々において他に無く異なり走り廻り、粉骨を抽んじ、剰え住書（注）花蔵（恵探）へ取らるるの処、親綱取り返し付け畢ぬ、甚だ以て神妙の至り、是非無く候、義元の子

孫末代に対して、親綱の忠節比類無き者也、恐々謹言、

天文五〈丙申〉

霜月三日　　義元（花押）

（礼紙上書）

「（切封墨引）

岡部《（親綱）》左京亮殿」

（余白注記）

今度一乱已前に、大上様《（寿桂尼）》御注書を取り、花蔵へ参らさせられ候処、葉梨城を責め落とし、御注書を取り、進上仕り候、然る間、御自筆にて御感下され候、子孫のため注し置き畢ぬ、

（現代語訳）

今度一乱にあたって、所々で他にはない奔走をし、全力を尽くし、さらには「注書」を花蔵に取られていたところ、親綱は取り返した。とても神妙であり、言う言葉もない。義元の子孫末代にとって、親綱の忠節は比べるものがない。

（注記）
今度の一乱以前に、大上様が「御注書」を作成し、花蔵に（御注書が）もたらされていたところ、葉梨城を攻め落とし、「御注書」を取り返して（義元に）差し上げた。そのため（義元は）御自筆で御感状を下された。子孫のために記しておく。

この文書は、義元が出した本文に、余白部分に岡部親綱によって記されたとみなされる注記がある。そのいずれにも寿桂尼の動向が記されている。

本文にみえていることは、義元方の岡部親綱は、恵探方の本拠である花蔵城（葉梨《はなし》城、藤枝市）を攻めた際に、「住《（注）》書花蔵へ取らるるの処、親綱取り返し付け畢ぬ」というもので、恵探に取られていた「注書」を岡部親綱が取り返した、というものである。そして注記にみえていることは、「今度一乱已前に、大上様《（寿桂尼）》御注書を取り、花蔵へ参らさせられ候処、葉梨（花蔵）城を責め落とし、御注書を取り、進上仕り候」というもので、戦乱が起こる前に、寿桂尼が「御注書」を「取って」、恵探に渡したもので、花蔵城を攻略して、それを「取って」、義元に進上した、というものである。

これらの内容をもとに、寿桂尼は恵探を支持していたとする見解が出されたのであったが、その解釈は簡単にはいかない。内容を理解するうえでポイントになるのは、「注書」の意味と、「取る」の意味になる。

まず「注書」であるが、そのままの言葉はない。そのため、これまでの研究では「重書（重要書類群）」と理解し、たとえば有光友學氏は、伝来文書群のようなものとみている（『今川義元』）。しかし「注」は、書き付ける、説明する、という意味なので、何らかの内容を書き付けた書類、と理解するのが適切であろう。「取る」には実に多くの語意があるので、どれにあたるか判断が難しいが、寿桂尼の「取る」と、親綱の「取る」は意味が異なるといえ、前者は「書きとめる」、後者は「手に入れる」の意味でとるのが妥当であろう。

そうすると、寿桂尼は何らかの内容を書き付けた書類を作成して、恵探に渡していたが、それを義元側は入手した、ということであったと理解される。ただし、その「御注書」について、義元は「取り返し付け」と表現しているので、本来は自分のもとにあるべきもの、という意識があったことがわかる。しかもそれに続けて、その取り返しの行為は、義元の子孫末代に対しての忠節である、といったというのであるから、義元が今川家当主として存在するにあたって極めて重要な内容のもの、とみなされる。

次に「御注書」を作成し、恵探に渡したことについては、それは戦乱前のことというから、三月下旬から四月半ばまでのことであろう。もちろんその内容はわからない。しかし、伝来文書群という理解については、それを駿府館からわざわざ持ち出すとは考えられない。また、久保田昌希氏は、義元の家督相続にともなう室町幕府から与えられた書類群とみる見解を示しているが（『戦国大名今川氏と領国支配』）、それらが戦乱勃発前に届けられていたとは思われないうえ、やはりわざわざそれを渡すとは考えがたい。

ただし、状況から推測すれば、おそらくは恵探を擁立しようとする動きがあるなかで渡されたとみられ、義元が当主として存在していくうえで差し障りがあったことがうかがわれるから、たとえば戦乱抑止を目的に領国の分割統治案などのような、恵探に一定の地位と権限を保証するようなものであったのではないかと推測される。しかし、義元としてはそれを承認することができなかったため、取り返しておく必要があった、と考えられるかもしれない。なお、この理解は、小和田哲男氏の当初の理解に近いものとなるが（『今川氏の研究』）、小和田氏はその後、解釈を少し変えるようになっている（『今川義元』）。

結局のところ、その「注書」の内容がわからないので、明確な理解にはいたらない。その内容の追究は今後も続けていく必要がある。しかし、これが戦乱勃発前に寿桂尼から恵探に渡されていたことは明らかである。しかも、その「注書」は恵探の本拠・花蔵城にあったのであるから、そのことをもって、駿府館にあった寿桂尼が恵探を擁立する立場にあったと理解することはできない。恵探を擁立するのであれば、寿桂尼が花蔵城に移るか、恵探を駿府館に入れるはずだからである。

しかし、このことによって、寿桂尼が戦乱抑止の動きをみせていたことは認識される。先に恵探方の立場をとった福島越前守の宿所に自ら赴いて、おそらく翻意を促していた。寿桂尼には、恵探方の叛乱を未然に防ぎ、それがかなわず戦乱が勃発した後でも、早急な事態の解決のために尽力していた様子をみることができる。寿桂尼としては、戦乱による今川家の分裂、それにともなう領国の瓦解は、今川家の存亡の危機をもたらすと認識し、可能な限りの手段をもって、その克服に取り組んでいたのではないかと思われる。そこには、戦国大名家としての今川家は、亡夫氏親とともに構築したという自負があったと推測される。しかし結果として、恵探の叛乱を制御、抑止することはできなかった。

新当主義元の成立

戦乱は四月二十七日から開始されたことは知られるものの、その後の具体的な状況はあまり明らかにならない。それでも駿府館、久能城、由比《ゆい》城（静岡市）、方上《かたのかみ》城（焼津市）、花蔵城（葉梨城）など、駿河中央部から西部にわたる広範囲で展開されたことが知られる（戦今五七〇・五七二）。また、恵探方には今川家の重臣のなかでは、有力家老の福島氏一族や、同じく家老朝比奈氏の惣領家（又太郎家）などが加わったとみられている。家中のなかの有力者が加担していることからみても、この戦乱が領国を二分するような大戦乱となったことがわかる。

そして「勝山記《かつやまき》」（「妙法寺記」、静一三八〇）によると、恵探を滅亡させたのは、北条氏綱の軍勢によるものであった。「花倉殿《（恵探）》・福島一門、皆相模氏縄《（綱）》の人数《（軍勢）》が責め殺し申され候」とある。これにより、氏綱はこの花蔵の乱において、義元に味方して援軍を派遣し、恵探の本拠の花蔵城を攻略するはたらきをみせたことがわかる。もちろん、先に触れた今川家臣の岡部親綱も同城攻略にあたっていたから、北条軍と義元方今川勢が協同して攻撃したのであったが、北条軍が圧倒的多数であったため、外部からはそのようにみえたのであろう。

北条氏綱がどのような経緯で援軍を派遣したのかはわからないが、この時期、氏綱は武蔵扇谷上杉家とそれに連携する勢力との抗争を展開していたから、駿河に軍勢を派遣する積極的な理由はみいだせない。したがって、氏綱が一方的に派遣したとは考えられず、当然ながら義元方からの要請をうけてのこととみられる。そしておそらくは、寿桂尼から要請があったに違いない。直前に嫡子氏康の妻に瑞渓院殿を迎えて、今川家とは婚姻関係を媒介にした攻守軍事同盟を成立させたところであり、かつ瑞渓院殿の母にして、今川家の「大方様」からの要請だからこそ、氏綱はわざわざ援軍を派遣し、恵探方の本拠・花蔵城まで進軍して、さらには同城の攻略を果たすまでしたのであろう。

この氏綱の軍勢派遣と花蔵城攻略の動きについて、氏綱の独断によるとする見解や、あるいは「勝山記」の記事は事実ではなく、氏綱は恵探方に味方していたとみる見解などが出されているが、ここまで述べてきたことに照らせば、それらに明確な論拠があるわけではなく、単なる憶測にすぎないことがわかるであろう。今川家と北条家は、瑞渓院殿と氏康の結婚によって攻守軍事同盟を締結したのであり、氏綱の行動はそれに基づいたものと理解すべきである。そして、そこでの今川家の意思は、今川家の「家」妻として、実質的な家長として存在していた寿桂尼が示すもの以外にありえないのである。

「勝山記」は、恵探滅亡を六月八日と記しているが、「甲陽日記」は十四日と記している（静一三八四）。もっとも、その間の九日・十日付で、承芳が味方軍勢などに出した発給文書があり、その文面をみると、いまだ十日までは軍事行動が展開されていた状況がうかがわれる。そして、落城と恵探の死去は「常光寺年代記」などの記載から、その十日のことであったとみるのが妥当のようである（小和田哲男『今川義元』）。享年は二十、法名は遍照光寺殿《へんしょうこうじでん》玄公《げんこう》恵探大徳とおくられたとされる。

そこでの承芳の発給文書というのは、九日に富士郡の家臣富士《ふじ》宮若《みやわか》に在陣の忠節を賞したもの（戦今五四六）、十日に駿河慶寿寺《けいじゅじ》（島田市）に軍勢の濫妨《らんぼう》狼藉の禁止を保証する禁制を出したもの（戦今五四七）、駿府浅間社の神官・村岡大夫に同社神事のための流鏑馬銭《やぶさめせん》の徴収

今川義元像（臨済寺蔵）

を認めたもの（戦今五四八）、となっている。いずれも「承芳」の印文を刻んだ方形黒印が押捺されて出されている。これは承芳がまだ還俗・元服前のため、花押を持っていなかったので、代わりに黒印を捺して出しているのである。この書式は、父氏親がやはり元服前に、黒印で文書発給を行っていたことを踏襲したものとみなされる。しかし、そうであるがゆえに、ここで承芳が文書発給しているということにより、すでに承芳が今川家当主として存在していたことを認識できる。

そして八月五日になって、遠江頭《ず》陀寺《だいじ》千手院に与えた判物において、実名義元を署名し、花押を据えるものとなっている（戦今五五二）。それまでの間に、還俗・元服し、また室町幕府に申請していた家督相続の承認と「義」字授与を認められて、「今川五郎義元」を名乗るようになっていたことがわかる。ここに、氏輝の死去から花蔵の乱の克服を経て、新たな当主として今川義元の誕生をみたのであった。その際には、義元は寿桂尼と養子契約を結んだと考えられる。これによって義元は、父氏親の後室で、今川家の「家」妻であった寿桂尼の正式の子とされた。以後において、義元の母は、公式には寿桂尼とされることになった。

ところで、花蔵の乱のなかで、義元による黒印状発給が確認されるよりも三日前の六月六日付で出されている文書が存在している。写本のため署判はないが、駿河長田庄小坂《おさだ　こさか》（静岡市）の瑞応庵《ずいおうあん》に出された、軍勢の濫妨狼藉の禁止などを保証した禁制である（戦今五四五）。収録する写本には、「今川家判物朱印」と注記がある。これが黒印であれば、義元が「承芳」黒印を捺して出したものの可能性が想定される。しかし、そこに「朱印」とあるのが気になる。そして、今川家においてこの時期に朱印を使用することができたのは、寿桂尼だけであったから、その場合には寿桂尼の発給の可能性が出てくることになろう。

今後、他の写本などの精査が必要であるが、もしこれが寿桂尼の「帰」朱印が捺されていたものだとしたら、どのように考えることができるであろうか。文章は真名文であるから、当初から寿桂尼が出すことを前提に作成されたのではないと考えられる。その場合は、当主の代行としてのことになるから、そこでの当主は義元しか考えられない。そうであれば、義元はこの時には、正式に今川家の当主になっていたことになる。しかし署判に、九日から使用される「承芳」黒印ではなく、寿桂尼の朱印が捺されたのであったなら、いまだ黒印が作製されていなかったか、急遽の出陣などによってそれを捺すことができなくなり、代わって寿桂尼によって出された、といったことが推測される。事実はどうであったのか、印影を確認できる新たな写本の出現を待たねばならないが、花蔵の乱のなかでの今川家家督の動向を示す貴重な文書であることは確かといえよう。

河東一乱の展開

新当主の義元は、花蔵の乱に勝利した後は、八月五日から年内を通して、領国内の寺社への所領安堵や、商人への特権安堵、花蔵の乱で功績のあった家臣への新恩所領の充行などの文書を出しており、代替わりにともなう領国支配の再編成をおこなっている。成人した新当主の登場によって、ここに寿桂尼が表立って関与する必要はなくなっていた。寿桂尼が義元の領国統治に全く関わらなかったのかどうかについては、次章であらためて取り上げる。

こうして領国再編をすすめた義元であったが、年が替わった天文六年（一五三七）二月十日、それまで敵対関係にあった甲斐武田信虎の長女（定恵院殿《じょうけいいんでん》）を正妻に迎え、武田家と攻守軍事同盟を結んだ。この動きを察知した北条氏綱は、さまざまに反対工作を加えたらしいが覆すことはできず、そのため氏綱は、義元と手切れして、駿河河東《かとう》地域に侵攻するのである（静一四二二）。この河東地域をめぐる北条家と今川家の抗争を「河東一乱」と称している。

義元の結婚は二月十日に行われているので、その交渉はそれこそ数ヶ月前からすすめられていたに違いない。遅くても前年末には始まっていたであろう。それに関して、これまでの研究では、花蔵の乱終結直後とみられる前年六月に、信虎が家臣前島氏一門を上意に背いたとして誅罰する事件があり（「勝山記」）、これは前島氏一門が恵探の残党を匿ったためとみられている。また、信虎の嫡男晴信《はるのぶ》（信玄）は公家・転法輪《てんぽうりん》三条公頼《きんより》の娘（円光院殿《えんこういんでん》）を正妻に迎えるが、それは義元の仲介により、天文五年七月のことと伝えられている（『甲陽軍鑑《こうようぐんかん》』）。これらのことから武田信虎は、花蔵の乱の時点で義元を支持していたとする見解が出されている。

しかし、前島氏一門が誅殺された理由を恵探方残党を匿ったこととする根拠はなく、武田晴信の結婚の時期についても、他に論拠があるわけではない。『甲陽軍鑑』での年代は他の論拠が得られないものについては、そのまま信じるわけにはいかない。晴信の結婚が義元の仲介によったことは事実であろうが、時期についてそのまま採用する必要はない。したがって、それらをもとに、武田信虎が花蔵の乱の時点ですでに義元を支持していたようにみるのは無理である。むしろ、花蔵の乱の時期、信虎は義元に味方していた北条氏綱の領国である相模津久井《つくい》領に侵攻していることからすると、恵探に味方していた可能性が高い。

この武田家との同盟は、それまでの今川家が採ってきた外交政策を反転させるものであった。なぜ義元は、家督相続してそれほど経たないうちに、長年にわたって敵対関係にあった武田家と同盟することを考えたのであろうか。しかし、そのことを示す史料がみられないので、状況から判断するしかない。前提になるのは、その直前まで、今川家は武田家と抗争を展開していた、ということである。前代の氏輝の軍事行動で確認されるのは、天文三年（一五三四）・同四年の武田家との抗争だけであった。かりに義元がこの路線を継承したら、引き続き武田家との抗争が最優先されたであろう。しかし、内乱を克服したばかりの義元にとって、隣国との抗争の展開には、不安があったのではなかったか。反対派がそれと結びついて、再び領国の内乱状態が引き起こされてしまうことを懸念したとしても不思議ではない。

一方の武田信虎も、関東で北条家、駿河方面で今川家との両面での抗争を続けることに危機感を抱いていたとみられる。実際に、前年には今川家・北条家から甲斐国内への侵攻を許していた。領国を維持するのに懸命の状況に追い込まれていたように思われる。北条家・今川家との両面抗争を続けていけば、国内の国衆の離叛が続いてしまいかねないという不安もあったに違いない。

おそらく状況からすれば、義元の代替わりを機に、武田信虎のほうから同盟締結を申し入れたのではなかったか。義元はそれに乗ったものと思われる。義元にとっては何よりも、内乱後の領国の再把握が優先課題であったとみられる。その際、これに北条氏綱が反対するとは考えていなかったのであろう。そもそも義元はこの政策転換について、事前に氏綱に打診することはなく、事後通告ですませたのであろう。しかし、義元はこの時、まだ十八歳か十九歳でしかなかったから、これらが義元だけの判断であったとは考えがたい。おそらく「家」妻の寿桂尼や指南役である太原崇孚雪斎などの判断であったとみられる。

しかし、氏綱はこの通告をうけると、それに反対を表明した。そして破棄されるよう、工作をこころみたらしい。それでも義元は方針を変えなかった。それをうけて氏綱は、花蔵の乱では、援軍まで派遣して義元に勝利をもたらしたにもかかわらず、手のひらを返すがごとくに、深刻な抗争関係にあった武田家と同盟することは、氏綱の面目を潰すものととらえ、それへの報復として、義元との全面抗争に踏み切ったと思われる。おそらく、このことは義元にとって誤算であり、予想外のことであったと思われる。義元は、北条家との同盟を前提に、武田家とも同盟を結ぼうとしたと思われ、これによって北条家と抗争が展開してしまったことに、むしろ驚いたのではなかろうか。

こうして今川家と北条家は、それぞれの始祖である氏親・宗瑞以来の同盟関係が崩壊し、全面抗争を展開することになってしまった。両家の抗争は天文六年（一五三七）二月二十一日、北条軍が今川領国の駿河河東地域を侵略し、占領するというかたちで展開された。同八年七月に、氏綱による河東占領が固まると、抗争は小康状態になった。同十年六月に武田家では、嫡男晴信が父信虎を駿府に追放するクーデターにより、当主の交替がみられた。同年七月には北条家でも、氏綱が死去して嫡男氏康が家督を相続するが、今川・北条両家の敵対関係に変化はなかった。そして同十四年（一五四五）七月に、義元は武田晴信とともに河東奪回の軍事行動を展開し、十月に両家の和睦が成立、十一月に北条家が河東から撤退することで、この戦乱はようやくに終息するのであった。その経緯については拙著『北条氏綱』『北条氏康の妻 瑞渓院』で比較的詳しく取り上げているので、おおよそのことはそれらを参照いただきたい。

氏親四女と瀬名貞綱の結婚

寿桂尼の家族の動向に関わることとして、一つだけ取り上げておきたいことがある。それは氏親四女（竜泉院殿）と瀬名貞綱との結婚についてである。この結婚は、河東一乱の展開に関わって成立したとみなされるものになる。

瀬名家は、今川家御一家衆の第二位に位置した有力一門であった。遠江今川氏の嫡流・今川堀越《ほりこし》家の庶流の系統にあたる。河東一乱勃発時の当主は氏貞（源五郎・陸奥守）で、明応六年（一四九七）生まれ、嫡流の叔父・今川堀越貞基《さだもと》の娘を妻にしていた。河東一乱勃発をうけて、本家の今川堀越氏延《うじのぶ》（貞基の子）は、義元から離叛して北条氏綱に味方した。それと義兄弟であった氏貞も、当初から行動をともにし、駿府を退去して所領の遠江相良《さがら》庄（牧之原市）・蒲御厨《かばのみくりや》（浜松市）に拠って、義元方に対抗したとみなされる（『北条氏綱』）。

氏貞は、天文七年（一五三八）三月十六日に四十二歳で死去し（静一四六一）、家督は嫡男貞綱（源五郎・左衛門佐・陸奥守）が継いだ。永正十七年（一五二〇）生まれであった。引き続いて義元方に対抗したとみられるが、天文八年には遠江東部を義元に制圧され、同九年前半には遠江西部も制圧されるようになった。そして同年八月には、貞綱は義元に降伏したとみられ、駿府に帰国を認められることになる（戦今六五四）。これにより、瀬名家は有力御一家衆として復活したとみられる。

そして、それを踏まえて、氏親四女と貞綱の結婚が行われたと考えられる。敵対関係の解消と、今後における友好関係の構築を象徴するものとして、結婚という行為が選択されたとみなされる。両者の間には天文十三年に嫡男虎王丸《とらおうまる》（氏詮《うじのり》・信輝《のぶてる》・中務大輔《なかつかさたいふ》）が生まれているので、結婚はそれより以前であったことがわかる。おそらく貞綱の帰国後、すぐに取り決められたのであろうと思われる。同十年のこととすれば、氏親四女は二十三歳くらい、貞綱は二十二歳であった。

おそらく、この結婚に際して、氏親四女は寿桂尼と養子縁組して、その実子扱いとされたと推測される。先にみたように彼女は、その後においては「大方女・中御門上の妹」（静二五〇九）というように、寿桂尼の娘として存在していた。有力御一家衆であった瀬名家との政治関係を再構築するという重要な役割を担うにあたり、「家」妻の寿桂尼の実子扱いとなることが必要とされたのであろう。そして、養子縁組がされたところに、この結婚が寿桂尼の判断によったこと、もしくは意向が大きく反映されたものであったことがうかがえる。

河東一乱終結のはたらきかけ

寿桂尼は、河東一乱の展開をうけて、どのように思ったであろうか。武田家との同盟締結に関与していなかったとは考えがたいから、義元ともども、その展開に忸怩たるものを感じたであろうことは想像に難くない。しかも、北条家には三女・瑞渓院殿を嫁がせたばかりのことであった。

ところで、戦国大名家同士の「政略結婚」において、同盟関係が破綻して敵対関係になると、嫁いだ娘は離縁となって婚姻関係は解消されると考えられることが多い。しかし実際には、そのような事例はほとんど確認されていない。むしろ離縁になっている事例を確認することのほうが難しいのである。そのような認識が、いつどのようにして形成されたのか、明らかにしていく必要性が感じられる。ともあれ当時にあっては、結婚が継続されるのが普通のことであった。このことを踏まえて「政略結婚」を認識していくことが重要であろう。

瑞渓院殿の場合にあっても、当然ながら離縁とはならなかった。瑞渓院殿が氏康の子どもを最初に産むのは、ちょうどこの年のことであったから、この時には妊娠が確認されていた可能性はある。しかし、子どもがいるかいないかの問題ではなかったであろうことは、氏康の六女・武田勝頼《かつより》妻（桂林院《けいりんいん》殿）の場合をみれば理解される。子どもの有無にかかわらず、正妻として存在していれば結婚が継続されるのが通常のことであったと考えられる。したがって、実家と婚家が敵対関係になった後も婚家に留まったことを捉えて、「悲劇のヒロイン」とか「夫との愛の強さ」などとみるのは大きな間違いということになる。

そこには、実家との繋がりという問題と、正妻あるいは「家」妻という役割の問題があったと考えられる。そして、河東一乱における寿桂尼と瑞渓院殿との関係には、そのうちの前者の問題について具体的に認識することができる。

天文十四年（一五四五）三月、今川義元は将軍足利義晴に周旋を依頼して、北条氏康に和睦を働きかけた。しかし、条件が合意しなかったのか、氏康は拒否した。これをうけて義元は七月二十四日、その報復のために河東に侵攻し、あわせて同盟者の武田晴信に援軍を要請した。晴信は八月十日、側近家臣の駒井《こまい》高白斎政頼《こうはくさいまさより》を義元が在陣する善得寺に派遣し、書状と口上書を雪斎と武田家への取次であった高井兵庫助《たかいひょうごのすけ》・一宮出羽守《いちのみやでわのかみ》に渡している。翌十一日、駒井は義元に対面し、義元から晴信に宛てた起請文を渡されて、十三日に甲府に帰還した（静一七四四）。晴信から義元への書状の内容や、義元から晴信への起請文の内容はわからないが、この後に両者は初めて対面し同陣するから、その同陣にあたっての取り決めに関わるものであったと思われる。

晴信は九月九日に甲府を出陣、十二日に先陣は駿河に入り富士郡大石寺まで進んだ。そうしたところへ、氏康は十四日、晴信に書状を送った。氏康と晴信はすでに前年に和睦を成立させていた。そのため氏康は、晴信に義元との和睦の仲介を要請したとみられる。これをうけて晴信は駿河に進軍し、十五日に大石寺に着陣した。ところが翌十六日、北条方であった駿東郡の国衆・葛山氏元《かずらやまうじもと》が義元に従属したことで、北条方の最前線拠点の吉原城《よしはら》（富士市）が今川方に開城して、在城していた北条勢は伊豆三島（三島市）まで後退した。

吉原城開城をうけて晴信はさらに南下し、義元と、互いの陣所の途中で初めて対面した。十七日に義元の陣所に入り、十八日、義元と晴信は揃って出陣、十九日には駿東郡に入る。二十日、晴信は岡宮（沼津市）に着陣、義元は長窪《ながくぼ》（長泉町《ながいずみちょう》）に着陣、二十七日に今川・武田両軍は駿河・伊豆国境の黄瀬川《きせがわ》に橋を架けた（静一七四九）。

十月一日、武田家家老の板垣信方《いたがきのぶかた》らが陣所を出て、氏康の陣所に赴いている（静一七六二）。

ここに晴信が、氏康と義元との和睦の仲介に乗り出したことが確認される。そしてこれは、寿桂尼からの依頼によるものであった。このことは、十一月九日付で晴信が今川家重臣の松《ま》井《い》貞《さだ》宗《むね》に宛てた書状（戦今七八三）のなかで、

北条（氏康）の事御骨肉の御間、殊に駿府大方（寿桂尼）思し食しも計らい難く候条、一和に取り成し候、

と、北条家と今川家は血縁関係にあり、とりわけ寿桂尼の意向があって、和睦を取りなした、と述べていることから確認される。これによってこの時、寿桂尼が晴信に、義元と氏康の和睦の周旋を依頼していたことがわかる。寿桂尼がこれを何時の時点で依頼したのかはわからないが、少なくとも、晴信の家老が氏康の陣所に赴いた十月一日よりも以前のことであったことは間違いない。

ここでの寿桂尼は、わざわざ自身から晴信にはたらきかけていること、そしてそのことを晴信があえて今川家臣に説明していることから考えて、それは義元とは別の意思であったことが認識される。おそらく義元は、どちらかといえば強気の姿勢をとっていたのであろう。しかし、寿桂尼は一刻も早い解決を望んで、そのため晴信に和睦斡旋を頼んだと思われる。そしてその理由は「骨肉の間」、血縁関係にあったからであり、それは瑞渓院殿が氏康の妻

であることにあった。寿桂尼と瑞渓院殿の血縁関係が、寿桂尼をして和睦による解決を求めさせたとみなされる。もしかしたら寿桂尼は、足利義晴による和睦周旋が失敗に終わり、義元が河東に出陣して、再び今川家と北条家の対陣が生じることになったのをうけて、双方と同盟関係にある晴信に、和睦の周旋を依頼したのかもしれない。その場合には、晴信が出陣する以前に、寿桂尼は晴信に働きかけたということになろう。

河東一乱の終結

いずれにしても武田晴信は、これをうけて、今川義元と北条氏康の早期和睦が自身の利益にもなることから、寿桂尼からの要請に応えて、和睦成立に尽力するのであった。この時、北条領国では、古河公方足利晴氏・山内上杉憲政《のりまさ》・扇谷上杉朝定《ともさだ》の連合軍が北条家の拠点・河越城《かわごえ》（埼玉県川越市）を包囲するという事態が生じていて、氏康は腹背に敵をうけるかたちになっていた。しかしこの時期、晴信は氏康とは共通の敵となる山内上杉家との抗争を開始していて、山内上杉家の関東における勢力拡大を嫌っていたのであった。

とはいえ、和睦交渉は簡単にはすすんでいない。十月二十日になって氏康はようやく和睦に応じることにし、同日に長窪城は駒井高白斎から検分をうけ、城主御宿《みしゅく》氏は自害させられた。二十四日に氏康は、山内上杉憲政・義元・氏康の三和をうけいれる起請文を晴信のもとに提出した。晴信は、義元と氏康の和睦だけでなく、上杉憲政を含めた三和の和睦をすすめていた。憲政との和睦は、おそらく氏康が要請したものであろう。その代わりに、おそらくは河東からの撤退をうけいれたのだと思われる。

これをうけて、駒井高白斎は三度におよんで太原崇孚雪斎の陣所に行って今川家との調整をすすめ、二十二日に今川軍と北条軍との間で「矢留め」、すなわち停戦が成立した。二十九日、義元と晴信は、もし今後、氏康が境目に城を取り立てて境目に侵攻してきた場合、それはこの和睦を破棄したものであり、その際には晴信はすぐに出陣し、氏康を見捨てて義元に味方する、ということを確認し合っている。そして、十一月六日に長窪城在城の北条勢は退城し、城は義元に引き渡されて、北条勢の河東からの全面撤退が実現された（静一七六二）。氏康はおそらく、これをうけて三島から帰陣したと思われる。

こうして、天文六年（一五三七）から九年にわたって続いた、今川家と北条家の全面抗争であった河東一乱は、北条方の河東からの全面撤退というかたちで終結した。これにより、義元は、本国である駿河全域の領国化をようやくにして成し遂げることになった。その決着は、双方と同盟関係を結んでいた武田晴信の取り成しによるものであったが、その背景には、寿桂尼の意向がはたらいていた。そこでの最大の要因は、瑞渓院殿との血縁関係にあった。

もっとも、ここで寿桂尼と瑞渓院殿との間に直接的なやり取りがあったわけではない。敵国同士の関係であったから、たとえ肉親でも書状のやり取りなどはできなかったからである。しかし、瑞渓院殿が氏康の正妻として存在していたというそのことが、和睦成立の要因になっていた。戦国大名家同士の「政略結婚」は、このようなところで大きな意味を発揮するのであった。

第五章　「大方様」として

「家」妻を交替したのか

寿桂尼が今川氏親の正妻になったのは、永正二年（一五〇五）、二十歳くらいのことであった。しかし、それで男性家長と対をなす今川家の「家」妻の立場になったのではなかった。その地位には氏親生母の北川殿があった。北川殿が「家」妻の地位にあったことが確認される最後は同八年のことで、それからしばらくして「家」妻の地位は、北川殿から寿桂尼に継承されたのだろう。また、寿桂尼はその永正八年には長女を産んでいたとみられるから、その交替にはそうした子女の誕生とも関連していたとも考えられる。寿桂尼が二十六歳くらいのことであった。

氏親の死後、実子の嫡男氏輝が今川家当主になったが、氏輝は結婚するにいたらなかったため、結果として寿桂尼は引き続いて「家」妻の地位にあった。そして、天文五年（一五三六）の花蔵の乱を経て、庶子の義元が今川家当主になり、その翌年に義元は正妻・武田信虎娘（定恵院殿）を迎えた。この時、寿桂尼はすでに五十二歳くらいになっていた。義元が結婚するまでは、確実に寿桂尼が「家」妻の立場にあったと考えてよい。しかし、義元が正妻を迎えたあとについては、「家」妻の地位が寿桂尼から定恵院殿に継承されたのかどうか、されたとすれば何時のことであったのか、それについては、関連する史料がなく判明しない。定恵院殿は、結婚した翌年の天文七年（一五三八）に、嫡男氏真（幼名竜王丸）を産んでいる。彼女は義元と同い年の永正十六年（一五一九）生まれであったから、義元とともにこの時、二十歳であった。さらにその後にも、年代は判明していないが、長女・武田義信《よしのぶ》（晴信の嫡男）妻（嶺寒院殿《れいかんいんでん》もしくは嶺松院殿）と次女（隆福院殿《りゅうふくいんでん》）を産んでいる。そして、義元の正妻として「御前様」（静一九九二）と称されている。しかし彼女は、氏真を産んでから一二年後の天文十九年（一五五〇）六月二日、三十二歳で死去してしまう。法名を定恵院殿南《なん》室妙康大禅定尼《しつみょうこうだいぜんじょうに》とおくられた（戦今九五〇）。

戦国大名家における「家」妻の地位が、どのような状況で交替されるのかについては、これまで全く検討されてきていない問題とみられる。したがって、具体的な事例を蓄積し、その理由と背景を追究していくことが必要である。そのため、ここでももちろん、それへの理解を示すことはできない。寿桂尼がその地位を継承したのは、子どもを産んでのち、二十六歳くらいになってからのことであった。そうすると、定恵院殿への交替があった場合にも、それはやはり子どもを産んでのち、さらには二十代後半になってからのことであったとすれば、天文十三年頃以降のことであったと推測されるかもしれない。

いずれにしても、どちらが「家」妻であったのかが判断できる史料が存在していないため、実際のところは不明としかいえない。しかし、天文十九年に定恵院殿が死去し、その後に義元は新たな正妻を迎えていないことから、定恵院殿の死去をうけて、あらためて寿桂尼は「家」妻として存在するようになったことは間違いない。その時、寿桂尼はもう六十五歳くらいになっていた。さすがに老齢の身には、その役割を果たすには厳しいものがあったと想像されるが、寿桂尼は、亡夫氏親とともに構築した戦国大名今川家の存立のために、懸命にその役割に取り組んでいったことであろう。

発給文書の再開

寿桂尼は、天文十六年（一五四七）から、再び発給文書を残すようになっている。氏輝当主期における同三年までのものは、すべて当主代行として出していたものであった。しかし、この年から残されている発給文書はすべて、そうした今川家の領国統治を担うものではなく、自身の所領支配といった家政支配に関するものとなっている。それは、今川家の家族として私的に出したものということになる。しかしそれでも、そうした内容のものがこの年から出されるようになっているのには、何らかの理由があると考えられる。ただ現時点で成案はない。今後において引き続き検討していきたい。

（読み下し）
うつたりの内長慶寺かた山さかいの事、
一つ、まつ山　一つ、うしろ山　一つ、へいしがや
一つ、めくら沢　一つ、きわたがや　いずれも前々の如くさかいとしてせいばいすべきもの也、仍て件の如し、
（朱印）
天文十六〈丁未〉年卯月二日
ずいこういん

（現代語訳）
内谷の内長慶寺方山境について
一つ、松山　一つ、後ろ山　一つ、へいしがや
一つ、めくら沢　一つ、きわたがや　いずれについても以前の通りに境として取り決める。
【16号文書（戦今八二六）】

駿河志太郡内谷《うつたに》郷（藤枝市）の長慶寺分について、北川殿菩提寺の駿府得願寺の瑞光院に、山境について保証しているものになる。内谷郷長慶寺分は、のちの26号からわかるように、寿桂尼の所領であった。そしてそれを得願寺に寄進していたとみなされる。ここでは山五ヶ所の境について保証している。これはどうも前年に検地が行われたらしく（19号）、それをうけて山についても境をあらためて規定することになったと思われる。

（読み下し）

（今川義元花押）

するがの国梅がや村の内田地壱町四段新寄進の事、

右是は、かしまの明神の神田たりといえども、数代人給に落ち来たる地也、然るに当院寂庵性阿《じゃくあんしょうあ》（今川彦五郎）いはいを立ておく処に、大破におよぶの間、且つは修理のため、かつは香田のためにこれを寄附せしむ、但し此の内参段の分石米《こくまい》壱石八斗の所をば、かの神領に附け置く、然らば即ち当社を鎮守に崇敬せられ、修造・まつり等下知を加えらるべし、たとえ郷中地検ありというとも、かの地においてはこれをのぞき、永く寄附せしむる所也、仍て件の如し、

（朱印）
天文十八〈己酉〉十月四日　長勝院（寿桂尼）
真珠院

（現代語訳）
駿河の国梅ヶ谷村の内田地一町四段新寄進について
右については、鹿島明神社の神田であったが、数代俗人の所領になってきた地である。けれども当院に寂庵性阿の位牌を立てているうえに、（堂社が）大破してしまったので、（堂社の）修理のため、香田のためにその地を寄付する。ただし、その内三段についての分の石米一石八斗については、その鹿島明神の神領としておく。そうなので、すぐに当社を鎮守社として崇め、（堂社の）修造や祭礼等について命じてよい。たとえ同村に検地が行われたとしても、その地については対象外とし、期限なく寄付するものである。
【17号文書（戦今九一一）】

駿河庵原《いはら》郡梅が谷村（静岡市）の真珠院に、同村の田地を寺領として新寄進している。新寄進というのは、かつてその所領であったが、現在は所領ではなくなっていたものを、あらための所領として寄進することをいう。真珠院は寿桂尼の子彦五郎の位牌が立てられた位牌所とされていて、堂社が何らかの理由で大破してしまったので、その修理のために寄進されている。その寺領は、もとは同寺の鎮守社であった鹿島明神社の神田であったもので、現在は知行できていないものであった。そのため、一部を同社の維持費用にあてるとともに、同社の維持にも努めることを命じている。そしてこの後、同村において検地が行われたとしても、その田地については対象外とすることを保証している。

梅が谷村の領有関係については、これ以外に史料がないので明確にはいえないが、これをみると寿桂尼の所領であったと考えられる。そして、同村に所在した真珠院を彦五郎の位牌所にしていたことがわかり、この点からも寿桂尼の所領とみてよいと考えられる。ここでは、位牌所の維持のために新たな寺領を寄進しているものになる。注目すべきは、同村への検地が、寿桂尼によって行われるのではなかったことである。それは、今川家として行われるものであったとみなされる。しかし、検地があっても同地を対象外とする、ということからすると、検地結果に一定の発言が可能であったことが認識される。このことからすると、梅が谷村における寿桂尼の所領は一部にすぎず、全体は今川家の直轄領であり、そのため検地も今川家によって行われるものであったことがうかがわれる。次号（18号文書）から、この年十一月には検地があったことがうかがわれるので、検地の施行が予定されていたため、あえて記載されたのかもしれない。

そして、本文書の袖には義元の花押が据えられている。これはその内容について、義元から承認をうけたことを意味している。ここで寿桂尼が保証した内容は、それによって今川家として保証をうけるものとなったことがわかる。

寿桂尼の出家

寿桂尼がいつ出家したのかは、実は明らかになっていない。寿桂尼が出家したことを最初に確認できる史料が、次のものになる。

（読み下し）

（今川義元花押）

（朱印）

するがのくにしだの郡うつたりの郷のうち、ちょうけいじかた田・はたけ山・屋しき本ぞう共に一所の事、

右、ぼだいのために、新きしんとして、ながくまいらせ候うえは、じきに取務あるべく

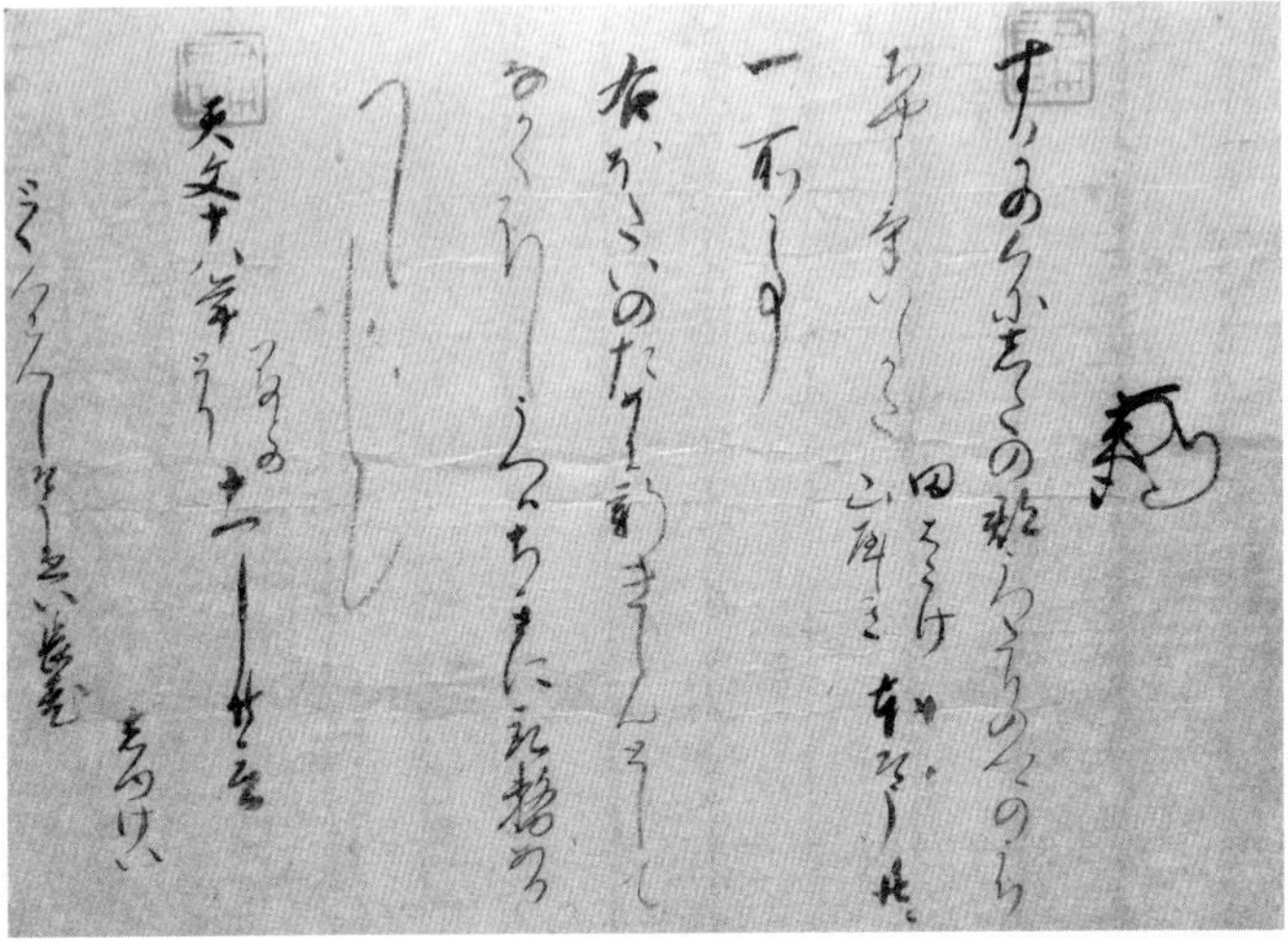

天文18年（1549）11月23日付寿桂尼朱印状（徳願寺蔵、写真提供：静岡市、右筆1）

候、かしく、

（朱印）

天文十八年つちのとのとり十一月廿三日

じゅけい《（寿桂尼）》

とくがんじ《（得願寺）》そうえい《（宗英）》長老

（現代語訳）

駿河の国志太の郡内谷の郷の内、長慶寺方（田・畠・山・屋敷）本増ともに一所について。右については、（私の）菩提（を弔う）のための新寄進地として、期限なく与えるので、直接に所務（租税の徴収）をしてよい。

【18号文書（戦今九一七）】

二年前の16号と同じく、内谷郷長慶寺分

に関わるものである。長慶寺分の田畠・山・屋敷について、「本途（これまで規定されていた貫高）」と「増分（検地の結果として新たに貫高に組み込まれた分）」ともに、自身の菩提を弔うことを条件に、得願寺に新寄進している。「新寄進」とあることからすると、それらの土地はかつて得願寺領であったものを、寿桂尼があらためて寺領として与えたものと理解されるが、得願寺は北川殿の菩提寺として建立されたものであることを踏まえると、あるいは旧領であったのはその前身寺院のことであったのかもしれない。

また、ここに「本増」とあって、増分が発生していることから、この時に内谷郷で検地が行われたことが推測される。寿桂尼は、その増分もあわせて得願寺に寄進している。そしてその内容については、前号と同じく、袖に義元の花押が据えられていて、義元から承認をうけている。これは内谷郷も広義では今川家の直轄領で、その検地も今川家として行われ、さらにそこでの領有関係については今川家当主の保証が必要であったことによると考えられる。このことからすると、寿桂尼による所領支配の性格は、前号の梅が谷村の場合と同様であったとみられる。

そして、この文書で何より注目されるのは、差し出し部分に「しゆけい」と署名があることである。これは、いうまでもなく寿桂尼の法名を記したものであるから、これによって寿桂尼は、この時までに出家して「峰林寿桂大姉」という法名を称していたことが確認される。

ただし、出家の正確な時期については不明で、この時より以前としかわからない。一般的には、夫が死去すると後室は出家すると思われていることが多いが、これは必ずしも事実ではない。著名なところをあげれば、羽柴（豊臣）秀吉の後室であった高台院寧々と浅井《あざい》茶々《ちゃちゃ》は、ともに秀吉死後に出家していない。寧々の出家は大坂の陣による羽柴家滅亡よりも後のことであった。

そのため寿桂尼の出家も、かならずしも夫氏親の死去にともなうものと考える必要はないのである。残された史料から考えれば、この天文十八年に近い時期のことであった、とみることも可能になる。ここからは単なる推測になるが、寿桂尼が天文十六年から自身の所領支配のために発給文書を出すようになっていること、出家が何らかの政治的地位の変化に対応することをあわせ考えると、その天文十六年に「家」妻からの引退があり、それにともなって出家したという可能性も想定できるかもしれない。

なお、本文書には寿桂尼の朱印が、袖と年紀上部の二ヶ所に押捺されている。寿桂尼の朱印状でこのように朱印が二ヶ所に押捺されているのは、この文書にしかみられていない。そこにどのような意味があるのかについては、現段階では判明していない。そのためその理由についての解明は、今後における大きな課題といえる。

（読み下し）

「義元袖判」

ただしうつたりちょうけいじかたうまのとしよりのぞうぶん弐拾俵の事は、水のみの弥七郎に、わが身ぞんしょうの内は出し候、のちのちの事はいんばんのごとく一えんにしょむあるべし、かしく、

（朱印）

天文十八年つちのとのとり十一月廿三日　じゅけい《（寿桂尼）》

とくがんじ《（得願寺）》そうえい《（宗英）》長老

（現代語訳）

ただし、内谷長慶寺方の午の年（天文十五年）からの増分二〇俵については、水呑（百姓）の弥七郎に、私が存生の間は与える。（私の死後）後々のことについては印判状の通りにすべてを所務してよい。

【19号文書（戦今九一八）】

前号と同日付で出された、内谷郷長慶寺分に関して得願寺に保証を与えたものである。こ

れについても同様に、袖に義元の花押が据えられて、義元から承認を得るものとなっている。内容は、天文十五年検地で生じたとみなされる増分二〇俵について、寿桂尼の生存中は水呑百姓の弥七郎に与えることとし、死後には前号の朱印状の通りにすべてについて得願寺が年貢収取することを保証している。ここで除外された二〇俵分は、おそらく寿桂尼の生活費として確保されたものであろう。それを与えている弥七郎は「水呑」とあることから、得願寺に対して正規の年貢負担者ではなかったので、そのように表現されていると考えられる。実際には耕作を管理する百姓であり、寿桂尼に収益分を納入する立場にあったとみなされる。

（読み下し）

うるし畠の内円竜寺田の事、

（朱印）

合わせて参段てえり、

右、定源院殿（今川彦五郎）茶湯のため寄附せしむ、香花等永く怠転あるべからざるもの也、仍て件の如し、

天文十九〈庚戌〉

十一月十七日

円竜寺

（現代語訳）

漆畠の内円竜寺の田について

合わせて三段

右については、定源院殿の茶湯のための（寺領として）寄付する。香華などについて期限なく怠転させてはいけない。

【20号文書（戦今九八一）】

駿河志太郡築地郷漆畠村（藤枝市）の円竜寺に、彦五郎の菩提領として寺領を寄進している。同村については他に領主の存在は確認されていないので、寿桂尼の所領であったと考えられる。円竜寺も、寿桂尼の所領に所在した寺院であることから、彦五郎の位牌所とされて、寺領を寄進されて、その菩提を弔うものとなったのであろう。

（読み下し）

するがのくにぬまず妙覚寺の事、

右、寺中已下買得のはた・屋敷等、御屋かた（今川義元）判形のむねにまかせ永く寄進す、同じく領中祈願所に准じて、諸役免許相違あるべからず、たとえけんちありというとも、これをのぞくべし、仍て件の如し、

（朱印）

天文廿年五月廿三日

みょうかく寺

（現代語訳）

駿河の国沼津妙覚寺について

右については、寺中以下が買得した畠・屋敷などについて、御屋形の判物の内容の通りに期限なく寄進する。同様にして領内の祈願所に準じて、諸役を免除することを変更することはない。たとえ（寺領に対して）検地を行うことがあったとしても、対象からは除外する。

【21号文書（戦今一〇一一）】

駿河駿東郡沼津郷の妙覚寺に、買得の畠・屋敷を寄進し、準祈願所と位置づけて諸役免除

を認め、さらに沼津郷で検地が行われたとしても、寺領については対象外とすることを保証している。そしてその内容は、義元の判物を継承するものであることが示されている。その義元判物は、前年二月二十五日付で出されたものになる（戦今九三四）。

沼津郷は元来、北川殿の所領とされていた。その死後は今川家の直轄領とされたとみられ、氏輝当主期には寿桂尼も当主代行として文書を発給していた。その後、河東一乱によって今川家の支配を離れたが、同乱終結によって再び今川家の支配下に入った。おそらく、そこでも今川家の直轄領とされたと思われる。

ここで寿桂尼が、義元判物の内容の通りに保証していることから、この時の沼津郷は寿桂尼の所領とされ、それにともなって寿桂尼は妙覚寺にその寺領などについてあらためて保証したと考えられる。いわば代替わり安堵である。さらにはここでも検地の対象外とすることを保証している。これは、先にみてきた梅が谷村・内谷郷の場合と同じとみなされる。

寿桂尼の発給文書は天文十六年から再びみられるようになっていたが、それらはすべて自身の所領支配に関わるものであった。そしてこの文書で、発給文書はいったん途絶えている。この後、再び発給文書がみられるようになるのは、これから八年も後の永禄二年（一五五九）からのことである。このことに明確な意味があるのかどうかは定かではないが、前年に義元正妻の定恵院殿が死去し、その後は寿桂尼が再び「家」妻の立場に復帰したと想定されることからすると、あるいはそれにともなって発給文書がみられなくなっているのかもしれない。

今川義元判物の取り成し

「家」妻に復帰してから最初に確認できる動向は、天文二十三年（一五五四）十一月のことで、遠江榛原《はいばら》郡上之郷（牧之原市）の石雲院《せきうんいん》に、今川義元の判物二通を出すことを取り成したことである。その義元判物二通とは、同年十一月晦日付で、石雲院に対して、氏親の数通の判物の通りに、同寺に認めた諸特権をあらためて保証する五ヶ条から成る判物と、同寺領から生じた検地増分について石雲院門徒からの要望を容れて同寺に寄付することを保証した判物になる（戦今一二〇一～二）。そのことを示すのが、次の保正寺祖芳《ほうしょうじそほう》副状（戦今一二〇三）である。

（読み下し）

寺領検地に就き、御門中の諸尊老御在府成され、御大方峰林寿圭大姉（寿桂尼）を頼み奉り、義元の御判形二通申し請けらるる者也、同じく此の添え状請け取り渡し厳密たるべき者也、

仍て件の如し、

保正寺
天文廿三〈甲寅〉十一月晦日　　当住持祖芳（花押）
石雲禅院置き文

（現代語訳）
（石雲院の）寺領への検地について、門中の諸尊老が（駿府に）在府されて、御大方峰林寿圭大姉に御頼みして、義元の御判物二通を出していただいたものである。同様にこの添え状を受け取って渡すことについて、手落ちがあるようなことはない。

発給者の保正寺祖芳はおそらく、石雲院派の武蔵足立郡鳩ヶ谷郷（埼玉県川口市）に所在する保正寺（現在は法性寺）の住持祖芳のことと推測される。「御門中の諸尊老」というのは、石雲院開山の崇芝《すうし》性岱《しょうたい》の法流を継承する諸老僧のことをいうとみられる。その法流には、氏親の菩提寺増善寺や、やがては寿桂尼の菩提寺となる竜雲寺、これまで寿桂尼が文書発給してきた正林寺（昌桂寺）・玖延寺・華厳院といった錚々たる寺院がみられている（前掲黒沢脩論文を参照）。

それら石雲院派の諸老僧が、駿府に詰めかけて、寿桂尼に訴訟したという。その内容は、今回、石雲院の寺領に検地が行われ、増分七〇俵が生じたが、それを石雲院に寄付することを要望し、そのことを義元にはたらきかけ、義元からそれを保証する判物を出してもらうことの取り成しを要請するものであった。そして、寿桂尼が取り成して義元から先の二通の判物が出されたのであった。

この事例で注目されるのは、何といっても寿桂尼が義元判物の発給を取り成していたということであり、そのことが保正寺祖芳の副状によって明確に確認できることである。二通の義元判物には、発給にあたって寿桂尼の要請があったことについては全く記されていない。したがって、保正寺祖芳の副状がなければ、その発給に寿桂尼が関与していたことは知りえなかった。このことをもとにすれば、今川家当主の発給文書において、このように寿桂尼の取り成しによって出されたものが、他にも存在したであろうことが容易に推測できるであろう。

この事実は、寿桂尼の動向にとっても、さらには戦国大名家における「家」妻の役割を考えるうえにおいても、重要なことと認識される。「家」妻は、当主にはたらきかけて文書発給を実現することができる機能を有していたことがわかるからである。実際にそのことを認識できる事例は、もちろんほとんどない。しかし、このような偶然に残された史料から、そうした事態の存在を認識することができた。そうであるからには、そのような事態はもっと広範に存在していたと考えられ、むしろそう考えることが男性家長と「家」妻のあり方をとらえるうえで必要と考えられる。戦国大名家においては、こうした事態は思った以上に展開されていたと思われる。

『言継卿記』にみえる寿桂尼

寿桂尼の生涯をみていくうえで、実はその動向について最も豊富に記されているのが、公家の山科言継の日記『言継卿記』である。言継は、寿桂尼の妹御黒木（山科言綱妻）の養子で、駿府に居住していたその養母を訪れて、弘治二年（一五五六）九月二十四日に駿府に到着し、翌同三年三月一日に帰京のため駿府を出立するまで、およそ半年におよんで駿府に滞在した。

そして、寿桂尼はその養母の姉であったことからも、駿府滞在中の言継とは親密な交流を持ち、そのために寿桂尼の動向がその日記に頻繁に記されている。しかもその内容は、これまでみてきたような政治的なものというよりは、日常的な内容が多くを占めるものとなっている。それらは発給文書などでは決して知ることができない内容であり、寿桂尼についてだけでなく、戦国大名家の奥向きの状況をうかがうことができるものとしても、極めて貴重な事例といえる。

とはいえ、『言継卿記』に記されている寿桂尼の動向は、かなりの分量になるので、それについて逐一取り上げることは難しい。しかし幸いにも、山科言継の駿府滞在の様子については、すでに小沢誠一氏「「言継卿記」にみえる今川最盛期」・瀬本久雄氏「「言継卿記」における駿州府中とそのかいわい」の研究や村井章介氏の研究（「山科言継の駿府生活」『静岡県史通史編2』第三編第五章第三節）によって、その動向を把握することができる。また、そこにみえる寿桂尼の動向についても、久保田昌希氏が主要な内容について整理、検討している（『戦国大名今川氏と領国支配』）。

そのため、以下ではそれらの研究を踏まえつつ、『言継卿記』にみえる寿桂尼の動向についてまとめていくことにしたい。そしてそこから、今川家の「家」妻としての役割について、明らかにできることについて述べていくことにしたい。ちなみに、『言継卿記』に寿桂尼が最初に出てくるのは、言継が駿府に到着した翌日となる九月二十五日条（静二三六二）である。


大方《(寿桂尼)》の内衆膳方《ぜんかた》奉行五人の内、甘利佐渡守・福島八郎左衛門両人方え、左衛門大夫《(大沢)》を以て勅筆天神名号・茶セン一つずつこれを遣わす。

言継は、寿桂尼家臣でその膳方奉行であった甘利《あまり》佐渡守《さどのかみ》と福島八郎左衛門の二人に、家臣大沢左衛門大夫を使者に、勅筆の天神名号と茶筅一つを贈っている。その進物は、勅筆というのであるから、いうまでもなく、贈り先は寿桂尼とみてよい。これが言継による寿桂尼への最初の挨拶となる。駿府到着の挨拶といったところであろう。この後において、寿桂尼と言継はさかんに進物の贈答を行っている。そのことを検討するのも重要なことと思われるが、あまりに煩雑になるので、ここでは省略したい。なお、寿桂尼から言継への贈答品については、久保田氏によって作表されているので、そちらを参照いただきたい。これより以下、条文を示す際には「弘治2・9・25条／出典元」と略記して示すものとする。

寿桂尼の居所

寿桂尼の居所については、「御屋敷〈大方〉」（弘治3・2・30条／静二五四二）とあることから、「御屋敷」と称される建物であったことが知られる。「御屋敷」の語が寿桂尼を指すものとしては、他に弘治2・11・8条（静二四一三）、同12・23条（静二四六四）、弘治3・3・1条（静二五四三）にもみることができる。

そこには、「大方の庭」（弘治2・10・2条／静二三六九）、「大方の座敷」「持仏堂」（弘治2・10・10条／静二三七七）などの寿桂尼の生活空間があったことがわかる。さらに、言継に風呂を馳走していることから（弘治2・11・15条／静二四二〇など）、風呂の施設があったことが知られる。

また「御屋敷」には、妹御黒木の居所もあったことが知られる。山科言継が、寿桂尼から招かれた時に、「先ず老母《御黒木》方へ罷り向かい、次に大方《寿桂尼》へ見参に入る」（弘治2・10・28条／静二四〇二）、「先ず御黒木迄罷り向かう」「内々より大方へ罷り向かう」（弘治2・11・21条／静二四二六）、「御黒木へ立ち寄るの処、大方より風呂に入るべきの由」（弘治2・12・10条／静二四四九）、「大方・御黒木等へ罷り向かう」（弘治3・1・15条／静二四九一）などとあるように、御黒木を訪ねた足でそのまま寿桂尼を訪ねていたり、同時に訪ねている。逆に、寿桂尼を訪問したものの、見参できなかったのでそのまま御黒木を訪ねたりしている（弘治3・1・18条／静二四九四、同2・1条／静二五〇八）。これらのことから、御黒木は「御屋敷」のなかに居住していたとみて間違いない。

それだけでなく、次女・中御門宣綱妻の居所も、「御屋敷」にあったことがうかがわれる。言継が中御門宣綱妻に派遣した使者が、同時に御黒木を訪ねていること（弘治2・9・27条／静二三六四）、「大方・中御門女中《宣綱妻》」らの「留守」に御黒木を訪問していること（弘治2・

10・2条／静二三六九）、御黒木が言継を朝湌に招くにあたり、宣綱妻から言継を招いていること（弘治2・11・8条／静二四一三）、宣綱妻に貸したものが御黒木を通じて返却されていること（弘治3・2・1条／静二五〇八）、といったことがみられている。これらのことをみると、中御門宣綱妻は「御屋敷」に居住していたと推測される。ただし、御黒木ほどの一体性はみられないので、あるいは別棟の居住であったのかもしれない。

しかも彼女は、夫の中御門宣綱とは別居の状況にあったと推測される。例えば、言継は同時に両者に進物を贈っている場合があるが、それは別々の場所に贈っているのである（弘治3・1・10条／静二五八五）。このことから両者は、別所に居住していたと判断される。中御門宣綱は独自に屋敷を与えられていたと考えられ、しかも「御屋敷」の近所に所在していたとみられる。言継が御黒木を訪問したついでに、中御門宣綱を訪問していることがよくみられるからである（弘治2・10・5条／静二三七二、同12・3条／静二四四〇）。また、中御門屋敷にも風呂の施設があったことが知られる（弘治2・11・30条／静二四三七）。こうしたことから、中御門宣綱が独自の屋敷に居住していたとみることができる。

このように「御屋敷」には、寿桂尼の他に、妹の御黒木と実子の中御門宣綱妻が同居していたとみられる。同居していた人々については後にあらためて取り上げるが、それは寿桂尼がそれらの人々を庇護していたことを意味している。妹の御黒木についてはまさにそうであろう。しかし、次女・中御門宣綱妻については、夫は別屋敷に居住しているのであるから、同様にはとらえられない。そうであるならば、なぜ次女は同居する必要があったのであろうか。

実は寿桂尼の死後、その次女が「御屋敷」と称されている（静8―三五〇）。これは彼女がこの屋敷を継承したことを示していよう。この時、寿桂尼は七十一、二歳くらいというかなりの老齢になっていた。本来であれば、「家」妻の地位から引退していてしかるべきであろう。しかし、義元には正妻がいなかったため、寿桂尼がその役割を果たさねばならなかった。次女が同居しているのは、その補佐のためであったとみることもできるであろう。

「御屋敷」の位置

では、寿桂尼が居住した「御屋敷」は、駿府館との関係でいえば、どこに所在していたとみられるであろうか。具体的な所在地までは特定できないが、駿府館の敷地内に所在していたのではないことは確かとみられる。

というのは、山科言継が義元屋形を訪問する際には、まず「御屋敷」の御黒木を訪問し、そこに寿桂尼家臣の甘利佐渡守が迎えに来て、「路次」で今川家臣牟礼備前《むれびぜん》守が同道し、そこから三条西実澄《さねずみ》（のち実枝《さねき》、実隆の孫）を訪問し、そこに中御門宣綱が訪れてきて、そこから同道して義元屋形を訪問しているのである（弘治2・11・19条／静二四二四）。「御屋敷」と駿府館の間には、「路次」が存在しているのであるから、別敷地であったことがわかる。

また、氏真屋形を訪問した際にも、中御門屋敷を訪れ、次に三条西実澄屋敷を訪れ、同道して氏真屋形を訪問している場合と（弘治3・1・5条／静二四七九）、「御屋敷」の御黒木を訪問し、次いで三条西実澄を訪問し、同道して氏真屋形を訪問している場合がみられる（弘治3・2・25条／静二五三七）。ここからは、「御屋敷」と駿府館の間には、三条西実澄屋敷が所在していたことがうかがわれ、したがって「御屋敷」は駿府館に隣接してはいなかったように思われる。

なお、ここにみられる義元屋形と氏真屋形は、別屋敷であったことがわかるが（弘治2・11・20条／静二四二五）、駿府館の敷地内に所在したとみてよいであろう。そして、瀬本氏が指摘しているように、それらの屋形には外門（弘治2・11・19条／静二四二四）と中門（弘治2・11・20条／静二四二五）が存在していたから、中門がそれぞれの屋形の門、外門は駿府館全体の門にあたっていたと推測される。

とはいえ、別敷地であったとはいうものの、義元はしばしば寿桂尼のもとを訪れていたことがうかがわれる。言継が御黒木を訪問した際のことでも、「御黒木へ立ち寄り、大方（寿桂尼）へ太守（義元）晩飡に呼ばるるの間相伴」（弘治2・12・25条／静二四六六）、「御黒木へ礼に罷り向かう、大方へ太守朝飡に呼ばるる」（弘治3・1・7条／静二四八一）というように、義元は寿桂尼のもとに、晩食や朝食に招かれていた。ごく近所であったからこそそのことといえるであろう。

寿桂尼はもともと、駿府館のうちに居住していたことはいうまでもないが、この時には館の外に出ていた。しかし、駿府館から出た時期や経緯については、そのことを示す史料がみられないのでわからない。ただし、氏輝当主期においては、寿桂尼は館の執務室で文書を作成していたと考えられることから、確実に館内に居住していたとみなされる。そうするとやはり、義元正妻の定恵院殿と「家」妻を交替したことにともなって駿付館を出た可能性が高いと考えられる。その後に定恵院殿が死去し、再び寿桂尼が「家」妻の地位についたものの、そのまま「御屋敷」への居住を続けたと考えられるであろう。

ちなみに、言継はしばしば「御屋敷」、三条西実澄屋敷、中御門屋敷をあわせて訪問しており、そのことからそれらは互いに近所にあったことがうかがわれる（弘治2・12・13〜14条／静二四五一〜三など）。訪問する順は、中御門屋敷、三条西実澄屋敷、御黒木となっている。また、御黒木を訪ね、次に三条西実澄を訪ね、それから中御門宣綱を訪ねるといった逆の事例もみられる（弘治3・2・28条／静二五四〇）。その他では、氏真屋形の訪問の後、そこから義元屋形を訪問し、退出後は順に、正親町三条公兄屋敷、御黒木、妙珠院《みょうじゅいん》（三条公兄叔母）、中御門屋敷を訪問という事例もみえる（弘治3・1・5条／静二四七九）。

それぞれの屋敷地の配置の状況までは明らかにならないが、駿府館に最も近い場所に、三条西実澄屋敷と正親町三条公兄屋敷があったように思われる。その外側に「御屋敷」があり、その近所に中御門屋敷、妙珠院屋敷（旧正親町三条実望屋敷であったろうか）などがあったようにみられる。

こうしてみると、駿府館のごく周辺には、正親町三条家・三条西家・中御門家といった京下りの公家の屋敷地がならんでいた状況がうかがわれる。もちろん、それらの公家は、正親町三条家は内大臣、三条西家は大納言、中御門家は中納言という高い官職にあったわけで、今川家よりも高い家格にあった。今川家はそのような人々で館近辺を囲わせていたということになろう。

寿桂尼の家臣たち

寿桂尼の家臣についても、いくつか知ることができる。家臣には、寿桂尼の「内衆」と記されている、本来的には今川家の家臣で寿桂尼に配属されていたとみなされる男性家臣と、いわゆる女房衆にあたる女性家臣があったが、それらの具体的な存在についてみることができる。

男性家臣として確認されるのは、「内衆」の膳方奉行五人のうちの二人である甘利佐渡守と福島八郎左衛門（弘治2・9・25条／静二三六二）、「内衆」の藁科彦九郎（弘治2・10・1条／静二三六八）、かつて駿府に滞在した公家の坊城俊名《ぼうじょうとしな》の被官であった「酒油等奉行」の関忠兵衛（弘治2・10・4条／静二三七一）、使者を務めている岸彦太郎、奏者を務めている岩本六郎右衛門（弘治2・12・30条／静二四七二）、使者を務めている良智《らち》三郎左衛門（弘治3・1・24条／静二五〇一）、寿桂尼への伝言を託されている大野見掃部助《おおのみかもんのすけ》（弘治3・2・1条・静二五〇八）の八人である。これに準じるものに、甘利佐渡守の同心として只木《ただき》新右衛門（弘治2・10・29条／静二四〇三）がある。

なおその他、久保田氏は牟礼備前守（元誠）と甘利太郎右衛門を、村井氏は両者に加えて飯尾長門守・鈴木新太郎を加えているが、それらが寿桂尼の家臣であったとは確定できない。いずれも、基本的には義元・氏真の直臣とみたほうがよいとみなされる。

それらの家臣のうち、頻出しているのは甘利佐渡守と福島八郎左衛門であり、この両者が寿桂尼家臣のなかでも有力者であったと推測される。このうち福島八郎左衛門は、家老福島氏の一族であったことは確実であろう。しかし、その系譜は判明しない。そうしたことからすると、寿桂尼に付属された家臣というのは、当主直臣の庶流のものがあてられていたとみなされる。

　女性家臣には、「上臈〈円明坊《えんみょうぼう》伯母、冷泉局《れいぜいのつぼね》〉」「奥殿〈元上臈、今尼〉」「中臈頭」の小宰相（弘治2・10・28条／静二四〇二）、新大夫《しんだゆう》小女房（弘治2・11・1条／静二四〇三）、「中臈」新大夫・「小官女」茶阿（弘治2・11・28条／静二四三四）、中将・小少将（弘治3・2・9条／静二五一七）が確認される。その他、彼女たちと同時にみえるものに「御まん」「あこう」「あち」「こち」（弘治3・2・9条／静二五一七）があるが、それらが女房衆であったかどうかは確定できない。

　最も地位の高いのが上臈の冷泉局、次に元上臈の「奥殿」であったとみなされる。冷泉局は、駿府への滞在を続けていた上《かみ》冷泉家の出身と推定され、世代から推測すると、冷泉為和の娘の可能性が高い。注記に「円明坊伯母」とあるので、出自の特定は容易とも思われるが、「円明坊」を特定できないので、そのように推定しておく。公家の出身であることと、女房衆の最上位の「上臈」に位置づけられていることから、すでに村井氏の推定にあるように、義元の妾の可能性が高い（もっとも、ここで村井氏は「側室」の語を用いているが）。

　次の「奥殿」は、元上臈とあるので、冷泉局以前の上臈であったのであろう。「今尼」とあるので、この時には出家していたことがわかる。寿桂尼との関係では、頻繁に使者や取次を務めている。瀬本氏は義元の「奥方」と推測しているが、すでに出家していることからしても、その可能性はない。上臈とあるので、当主の妾であったか女性家老のいずれかと考えられるが、「奥殿」と敬称が付されていることからすると、前者の可能性が高いと思われる。その場合には、氏親の妾であったことになろう。あるいは瀬名貞綱妻か義元のいずれかの生母にあたる可能性も考えられる。

中臈以下は、いわゆる家臣としての女房衆であったとみられる。その筆頭として小宰相が確認される。その他の中臈として新大夫があったことが知られる。小宰相に続いてみえていた中将・小少将も中臈に位置した可能性があろう。「小官女」の茶阿は、女房名も持っていないことからすると、年少の女房衆であったのであろう。

男性家臣にしろ、女性家臣にしろ、その全貌を知ることはできない。しかし、少なくとも男性家臣では八人、女性家臣では上臈クラスを除いた一般の女房衆についても五人の存在が確認できる。もっとも寿桂尼と御黒木が揃って外出した時、随行した女房衆は一〇人ほどであったという事例がある（弘治3・1・17条／静二四九三）。そのほとんどは寿桂尼の女房衆であったろうから、一〇人以上は存在したと推測される。彼女たちの出自については全く不明であるが、基本的には家臣出身になるのであろう。

寿桂尼と同居の人々

寿桂尼の「御屋敷」に、妹の御黒木と次女・中御門宣綱妻が同居していたことについては先に触れた。「中御門姫御料人」（弘治2・10・23条／静二三九四）としてみえている次女の娘についても、同居していた可能性は高いとみられる。

その他にも、同居が確認される人々がいる。一人は「大方の孫〈相州北条《（氏康）》次男〉」とみえる、三女・瑞渓院殿の四男である北条氏規（弘治2・10・2条／静二三六九）である。もう一人は「孫賀永若子」（弘治2・10・28条／静二四〇二）、「伊豆の若子賀永」（弘治3・1・2条／静二四七六）、「中御門息の喝食」（弘治3・2・22条／静二五三三）などとみえる、中御門宣綱の子で喝食の賀永である。その乳母（弘治3・2・9条／静二五一七）も一緒であったとみてよいであろう。

北条氏規は、天文十四年（一五四五）生まれで、この時は元服前の十二歳であった。氏規の駿府居住が確認されるのはこれが最初の史料になるが、同二十一年の駿甲相三国同盟の形成にともなって、まだ幼少で結婚できなかった妹・早河殿（蔵春院殿）に代わって、駿府に送られてきた存在とみなされる。早河殿は同二十三年に氏真と婚姻し駿府に輿入れしてきたものの、まだ年少で出産する年齢ではなかったためか、氏規はそのまま駿府に滞在し続けていたとみなされる。

氏規はその後も駿府に居住して、永禄元年（一五五八）冬までに義元のもとで元服し、今川家御一家衆の関口氏純の婿養子となって、仮名「助五郎」を称するものとなる。ちなみに、妻は氏純の次女と推測され、その姉が三河国衆・松平元康《まつだいらもとやす》（徳川家康）の妻（築山殿《つきやまどの》）であった。氏規は同五年六月までは駿府にあったが、その後に養父関口氏純が処罰されたらしく、養子縁組を解消し、同七年六月には実家の北条家に帰還するものとなる（『北条氏康の妻 瑞渓院』『北条氏康の家臣団』）。

中御門宣綱の子賀永は、第二章で触れたように、出家して喝食になっている。次女の宣綱妻と同時にみえることはないから、母は宣綱妻ではなく、庶出であった可能性が高いとみなされる。出家もそれゆえであった可能性が考えられる。その出家は弘治二年（一五五六）十二月十八日のことであった（静二四五九）。

その直前、宣綱について問題になっていることとして、「隠居」の話がみられている。十二月五日に京都からその件の使者が四人も派遣されてきて（静二四四四）、十四日には破談になったことが知られる（静二四五三）。事態の詳細は把握できていないが、京都中御門家の継承に関わる問題が生じていたことがうかがわれる。宣綱はその死去まで、中御門家当主として存在していくが、次代は弟宣忠の子宣教《のぶのり》に継承されることをみると、賀永の出家はそれにともなう申し合わせによるものであったとも想定できるかもしれない。

寿桂尼と同居していた人々は、女房衆を除けば、妹の御黒木、次女の中御門宣綱妻とその娘、孫の北条氏規と中御門宣綱息の賀永という、いずれもごく親しい身内の人々であった。このことから寿桂尼は、そうした身内の人々を庇護する役割を担っていたことが認識される。

今川家の「奥」の仕組み

寿桂尼が居住した「御屋敷」には、今川家の女房衆が存在していた。最高位の上臈も同居していたと考えられるから、「御屋敷」はまさに今川家の「奥」を構成するものであったととらえられる。もっとも、義元屋形・氏真屋形にもそれぞれ「奥」は存在したに違いないから、これが今川家の「奥」全体を意味したわけではないのであろう。氏真には正妻・早河殿が存在していたから、氏真屋形には早河殿を頂点にした「奥」が存在したことは確実とみられる。義元屋形においても「奥」が存在したであろうと思われる。しかし、義元妾とみられる冷泉局が義元屋形ではなく「御屋敷」に居住していたことからすると、この時期における今川家の「奥」の構造については、よくわからないというしかない。

そのような問題が想定されはするものの、寿桂尼は当時、今川家の「家」妻の地位にあったとみられることからすれば、この「御屋敷」の世界が、この時の今川家の「奥」の中心にあたっていたとみることは可能であろう。ここで確認される事柄は、決してその全貌を把握できるようなものではなく、極めて断片的なものにすぎない。上流階級の「奥」の状況、つまり禁裏や将軍家、上級公家のそれについては認識されている一方で、戦国大名家の「奥」の状況をうかがうことができる史料は、他にはほとんどみることはできないといっていい。そのため、これらの寿桂尼に関する事例は、断片的ではあっても、戦国大名家の「奥」の状況を示す、他に類をみない貴重なものなのである。

これらの事例から確認できるのは、戦国大名家の「奥」においても、女房衆は「上臈」「中臈」「小官女」といった身分階梯制による編成となっていたことである。上臈は当主の妾が位置したとみられ、「局」号を称していた。元上臈も「奥殿」という敬称が付けられていた。そして中臈については、「小宰相」「中将」「小少将」という女房名が付けられるものとなっていた。これらの状況は、禁裏・将軍家などと共通するものであった。しかも、このことは他の戦国大名家でも同様であったとみられ、例えば、北条家では北条氏房《うじふさ》の妻は「小少将」を称し、安芸毛利《もうり》隆元《たかもと》の妻は「尾崎局」「小侍従」を称していることなどにみることができる（五條小枝子『戦国大名毛利家の英才教育』）。

もう一つ、重要と考えられるのは、「家」妻が「奥」の統括者であり、そこでは当主の妾もその統制下に置かれていたとみなされることである。冷泉局や「奥殿」の在り方から、当主と恋愛関係になっても、別妻として位置づけられない限りは、あくまでも奉公する立場の女房衆として存在したことが認識される。これも禁裏や将軍家などと同様の在り方になる。このことは、この時期の戦国大名家においても、「側室」なる存在はみられなかったことを認識させる。そして妻と妾の相違の指標としては、別屋敷ないし別棟での居住ということが想定されることになろう。

「大方」としての寿桂尼の役割

『言継卿記』にみえている寿桂尼の動向のなかで、今川家の「家」妻としての動向と認識されることがいくつかある。

弘治二年（一五五六）十一月十五日条（静二四二〇）では、寿桂尼は家臣甘利佐渡守を言継のもとに派遣して、翌日の義元への見参が承認されたことを伝えている。これは、当主の意向を伝達するものである。同様のことは十二月四日条（静二四四一）にもみえ、義元の意向をうけて言継に上洛することの慰留を要請している。そして同月六日条（静二四四五）では、言継は上洛延期を決めたという返事を、寿桂尼家臣の甘利佐渡守を通じて寿桂尼に伝えている。これは逆に、言継から義元への返事が寿桂尼を通じて伝達されているものになる。弘治三年二月二十五日条（静二五三七）では、言継は上洛時における伝馬利用の申請を、寿桂尼家臣甘利佐渡守を通じて寿桂尼に申し入れている。言継は義元・氏真へは氏真家臣の三《み》浦《うら》正俊《まさとし》を通じて申し入れているが、それに加えて寿桂尼にも同じ内容のことを申し入れているものになる。

弘治二年十一月十九日条（静二四二四）では、義元屋形で言継を招いて行われた宴会において、「大方より食籠出しおわんぬ」と、寿桂尼が食事を提供している。弘治三年二月九日条（静二五一七）では、御黒木邸にて言継主催で行われた十炷香《じゆうしゆこう》でも、「大方より樽一荷・饅頭・食籠等これを持たるる」と、ここでも寿桂尼が食事を提供している。これは今川家の行事ではないが、それに準じる扱いとされたのであろう。同月二十二日条（静二五三二）では、駿府浅間社廿日会《はつかえ》を言継が桟敷で観覧した時にも、「大方より食籠・樽等これを賜る」と、同様に寿桂尼が食事を提供している。これも今川家の行事ではなかったが、観覧者には言継の他、各和《かくわ》式部少輔《しきぶのしょう》・牟礼元誠《もとのぶ》・朝比奈泰朝・蒲原元賢《かんばらもとかた》・由比光綱《ゆいみつつな》などが列席しており、今川家による言継に対する接待の性格であったとみることができる。

このように、「家」妻としての活動とみられるものには、大きく二つの事柄をみることができそうである。一つは、義元への働きかけと、その意向の伝達である。すなわち、当主と当事者との間の取り成しを果たすものであった。こうした動向は、先に石雲院寺領に関する件でもみられたことであった。もう一つは、食事の提供という饗応の役割である。これは台所の管轄にともなうものと認識される。

寿桂尼の有力家臣の甘利佐渡守・福島八郎左衛門は膳方奉行であり、二人を含めて五人いたことが知られる。膳方とは、今川家についてのものであったとみなされるから、寿桂尼が今川家の台所を管轄し、それにともなって客人接待などを差配していたと認識することができる。なお、「家」妻による台所の管轄については、瑞渓院殿の場合にもみられていた(『北条氏康の妻 瑞渓院』一七三〜五頁)。すでに「家」妻の役割に「食料や衣料の調製と管理」があったことが把握されているが(後藤みち子『戦国を生きた公家の妻たち』)、これらによって戦国大名家においても、台所の管轄は、「家」妻の役割であったことを認識できるであろう。

戦国大名家における「家」妻の役割として、明らかにできることは必ずしも多くはないが、少なくともここで取り上げた内容については認識できるであろう。その他の動向については、本書末の年表に掲載しているので、他の研究と照らし合わせていくと、そのなかに「家」妻の役割として取り上げることができるものも含まれているかもしれない。そうした作業も、今後に残された課題とみなされる。

第六章　駿府からの引退

「家」妻からの退任

寿桂尼にとって、実は『言継卿記』にみられた動向が、今川家の「家」妻としてのものでは、結果として最後に確認できるものになっている。それから二年後の永禄二年（一五五九）には、寿桂尼は駿府の「御屋敷」から退去して、近郊の沓谷郷の竜雲寺に居住することになる。これは「家」妻からの引退を意味している。ちょうど先代の「家」妻であった北川殿が、駿府館から退去して北川屋敷に居住したのと同じことになる。

寿桂尼がついに「家」妻から引退するのには、何よりもすでに七十歳を過ぎていた高齢という問題もあったろうが、もう一つの背景として考えられるのが、今川家における家督の交替である。義元から嫡男氏真に家督が譲られたのであった。その交替の時期については、今川家の研究者の間では見解の一致はみていないようで、いくつかの見解が出されているが、弘治三年（一五五七）正月四日に、氏真が「屋形五郎殿」と記されていることなどから、この時には氏真が当主になっていたとみるのが適切である（長谷川弘道「今川氏真の家督継承について」）。

ちなみに、先行研究のなかに、義元と氏真の領国統治のための文書発給状況から、その交替時期を推測する方法をとるものがあるが、それは家督交替とは別問題のことで、当主権限の移行にともなう事柄になる。北条家でも、氏康からその嫡男氏政への当主権限の移行は、家督交替後に段階的にすすめられていた（拙著『北条氏政』）。義元と氏真についてもそれと同様の事態ととらえられる。ただし、その権限移行の過程については、まだ明確には明らかにされていない。今後における課題であろう。

氏真は天文七年（一五三八）生まれで、義元正妻の定恵院殿の所生であった。幼名は今川家歴代の竜王丸を称した。元服時期は判明していないが、同二十年（一五五一）七月頃には氏康の四女・早河殿（蔵春院殿）との婚約が成立していたと推測され、それをうけて同年十二月に独自の屋敷に移っている。これは独り立ちの準備とみなされ、十五歳となった明けて同二十一年に元服したのではないか、と推測される（『北条氏康の妻　瑞渓院』）。

元服後の初見となるのは、翌同二十二年二月七日付で義元から与えられた教訓状で、これが文書史料における初見ともなっている（戦今一一二五）。よって、氏真の元服はそれ以前のことであったと認識される。もっとも、教訓状を与えられていることからすると、元服はその直前の頃、同年正月のことであったとも考えられる。その場合は十六歳での元服ということになる。仮名も今川家歴代の五郎を称した。ちなみに、その教訓状は後世における文飾《ぶんしょく》とみられる部分が多く、当時の史料そのままと理解するのは難しいように思われるが、義元の生い立ちなどについては的確な内容とうけとめられるので、基本となる文書は存在していたのであろうと考えられる。元服した嫡男にどのような教訓を与えていたのかを知ることができる興味深い史料とみなされる。しかし、その内容についてはこれまで検討されていないので、これも今後の課題であろう。

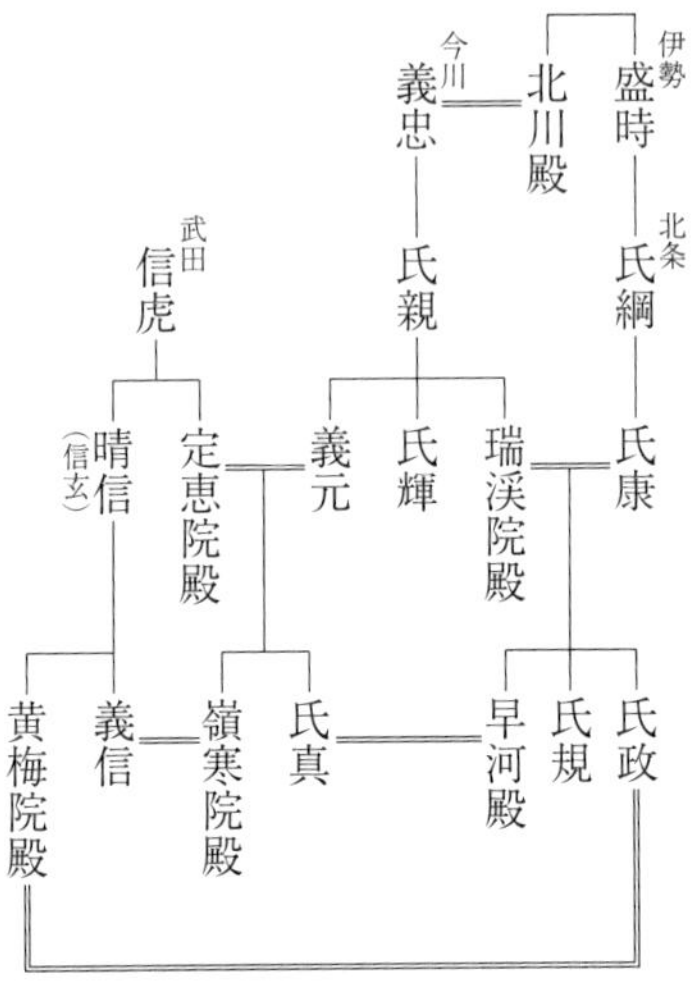

駿甲相三国関係系図

氏真はその翌年の同二十三年七月、婚約の通り、氏康の四女・早河殿と結婚した。早河殿は寿桂尼の三女・瑞渓院殿の実子であったから、寿桂尼にとっては孫にあたった。生年は確定していないが、同十六年頃と推定され、この時、わずか八歳くらいにすぎなかった。今川家と北条家との婚姻関係を媒介にした攻守軍事同盟の成立が優先された結果とみなされる。氏真は駿府館のなかで、独自の屋敷を構えており、それが義元屋形とは別棟であったことは、『言継卿記』からうかがうことができた。早河殿は年少ながらも、その「奥」の統括者として位置したとみてよいであろう。

そうして氏真は、二十歳となった弘治三年（一五五七）正月には、義元から家督を譲られて今川家当主となった。おそらくこれにともなって、早河殿は「御前様」と称されるようになったとみられる。とはいえ、領国統治については、しばらくは義元が全権を掌握してあったていたが、永禄元年（一五五八）閏六月二十四日付を初見にして、氏真も領国統治のための発給文書を出すようになっている（戦今一四〇六）。以後、義元の死去まで、両者は何らかの役割を分担しながら、ともに「屋形様」として領国統治にあたっていった。こうした在り方は、他の戦国大名家にもよくみられるもので、これを「両屋形制」「両殿制」と称している。いわゆる両頭政治である。

こうして、寿桂尼には孫の世代にあたる氏真が今川家当主となって、今川家を主導するようになった。そして、その妻の早河殿は、寿桂尼にとっては血の繋がった孫であった。その彼女が、氏真の正妻として家中のなかでも重きを置くようになった。そうした状況をうけて、寿桂尼はついに「家」妻からの引退を決意したのであろう。その地位は、当主氏真正妻の早河殿に継承されたと考えられる。

しかし、彼女は永禄元年の時点ではまだ十二歳くらいにすぎなかった。当然ながら、本質的には「家」妻の役割を果たすことは難しく、それを補佐する存在があったに違いない。おそらくは寿桂尼が退去した後、代わって「御屋敷」の主人になったとみなされる、次女・中御門宣綱妻であった。当主氏真の伯母にあたるとともに、何よりも寿桂尼の実子であった。寿桂尼にとってみれば、早河殿の補佐役としては最適の存在と認識したであろう。そしてこの差配自体も、寿桂尼の判断であったとみてよいであろう。寿桂尼の「家」妻としての仕事の最後が、その地位の引き継ぎにあったとみられよう。

沓谷への退去

寿桂尼がいつ、駿府の「御屋敷」から沓谷竜雲寺に退去したのかは判明していない。しかし手がかりはある。永禄二年（一五五九）十二月二十七日付で氏真は家臣の朝比奈千世増《ちよます》に所領を安堵しているのであるが、そのなかに駿河上当麻《かみとうま》（焼津市）があげられていて、それについて「沓谷知行その替えの地たるの条」と説明されているのである（戦今一四九〇）。すなわち、沓谷郷はそれまで朝比奈氏（又八郎・千世増父子）の所領であったが、これ以前に上表《じょうひょう》（当主への返上）され、替え地を与えられたことがわかるのである。なぜ上表されたのかといえば、同郷はその後、寿桂尼の所領とされていることから、寿桂尼の同郷への退去にともなうものであったことは確実とみられる。

したがって、寿桂尼の沓谷郷への退去は、永禄二年十二月以前のことであったことがわかる。そして、その半年前となる同年六月から、寿桂尼の発給文書が再びみられるようになっている。しかも、それらはいずれも所領支配のためのものであった。このことをあわせ考えると、沓谷郷への退去をうけて、再び文書発給を行うようになったと認識される。

（読み下し）

（朱印）

するがの国ぬまづ郷の内当寺中ならびに門前むねべち諸公事・諸やく等の事、右、免除せしむるところ永く相違あるべからず、若し申すやからあらば、ちゅうしんせらるべき也、仍て件の如し、

永禄弐〈己未〉年

六月十八日

妙海寺

（現代語訳）

駿河の国沼津郷の内（妙海寺の）寺中および門前（に賦課される）棟別諸公事・諸役等について

右については、免除することを期限なく変更することはない。もし賦課してくる者がいたならば、連絡してきなさい。

【22号文書（戦今一四六五）】

所領沼津郷に所在する妙海寺に出したものである。寺中と門前屋敷に対する棟別役などの諸公事・諸役の免除を保証している。同郷は21号文書でみたように寿桂尼の所領であったから、その所領支配として出されたものになる。

（読み下し）

（朱印）

するがのくにしだのこおりささまの郷ひなたむらのわきごうちの百姓しきの事、

右、年来ひなたの四郎えもんかかえたりといえども、年貢以下数年ぶさたせしむるの間、今より後は五郎えもんかかえの分、山たいらともに、四郎えもんいろいなく、直に納所すべし、もし四郎えもんたいてんにおいては、ひなたともに年貢・公事以下あいまかなうべし、かねては又年来いえ四間の分、むねべち納所せしめざるよしいえ共、なおのちの

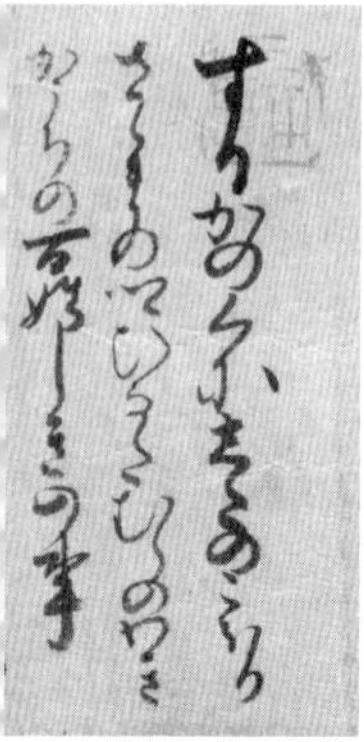

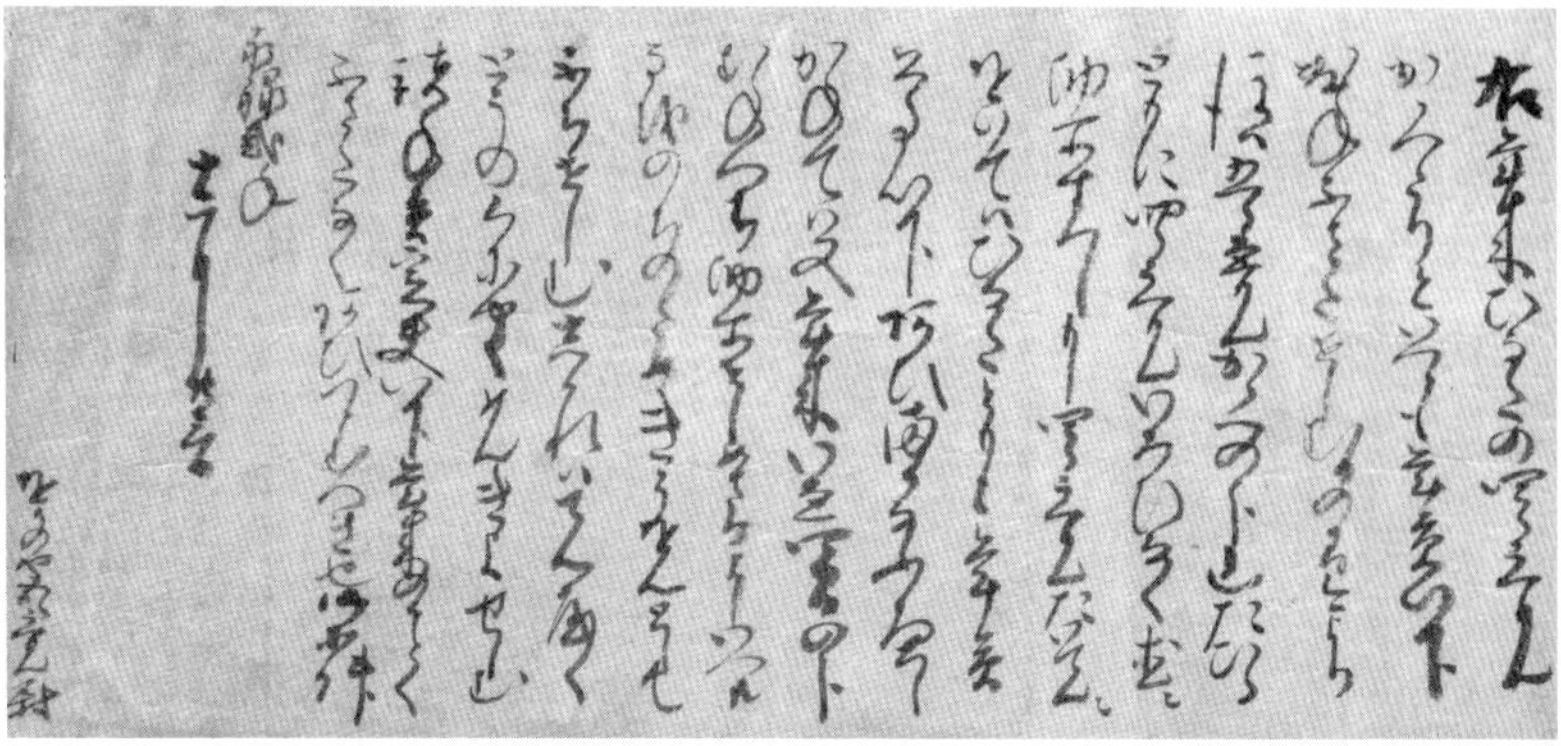
永禄2年（1559）12月23日付寿桂尼朱印状（個人蔵、写真提供：島田市博物館、右筆2）

ため、きゅうおんとしてふちせしむ、しかればてんやくとうのくにやくめんきょせしむ、諸年貢・定夫以下、年来のごとくぶさたなくあいつとむべき也、仍て件の如し、

永禄弐年

十二月廿三日

おかのや五郎えもん尉

（現代語訳）

駿河の国志太の郡笹間の郷日向村の脇河内の百姓職について

右については、年来日向の四郎衛門が所有していたけれども、年貢以下を数年処置してこなかったので、今からは五郎衛門が所有する分として、山・平共に、（それについて）四郎衛門の干渉をうけることなく、直接に納入し

なさい。もし四郎衛門が退転（没落）した場合には、日向についても共に年貢・公事以下について弁済しなさい。また以前から年来におよんで家四間分について棟別役を納入していないという家について、変わりなく今後においても、給恩として扶持する。そうなので天役などの国役を（負担することを）免除する。諸年貢・定夫以下については、年来の通りに怠りなく負担しなさい。

【23号文書（戦今一四八八）】

駿河志太郡笹間郷（島田市）の峯叟院《ほうそういん》に伝来したもので、同郷日向村の有力百姓の岡埜谷《おかのたに》五郎右衛門尉に宛てたものである。同村の脇河内という土地についての百姓職を、同村の四郎右衛門から宛名人への交替を認め、それにともなう年貢・諸役の納入を命じている。さらに四郎右衛門が没落した場合には、日向村全体について年貢・公事納入の差配を認め、また棟別四間を給恩として与えて、それに懸かる国役を免除する特権を与えている。

これによって、この笹間郷は寿桂尼の所領となっていたこと、宛名の岡埜谷五郎右衛門尉は、同郷日向村の有力百姓で、寿桂尼に被官として取り立てられた存在であったことがわかる。

義元の戦死

寿桂尼が沓谷郷に引退し、今川家の在り方も新しい態勢がとられるようになったところに、前当主義元の戦死という衝撃が走った。永禄三年（一五六〇）五月十九日、尾張桶狭間合戦で尾張侵攻のために出陣していた義元が戦死したのであった。享年は四十二、法名を天沢寺《てんたくじ》殿秀峰哲公《でんしゅうほうてつこう》（宗哲）大居士とおくられた。

今川家当主は氏真になっていたが、義元は依然として今川家の最高権力者の地位にあった。尾張侵攻を展開し、その総大将となっていたのも、今川家における軍事・外交機能は義元が管轄していたからである。その義元がにわかに戦死してしまったのであった。寿桂尼にとっては実子ではなかったが、実子氏輝の死去後の新たな今川家当主として、自らが擁立した存在であり、家督相続にともなって養子縁組して実子の扱いとしていた。その義元の戦死に、寿桂尼が衝撃をうけたであろうことは想像に難くない。しかしながら、その様子を伝える史料は、残念ながら残されていない。

義元の戦死によって今川家は、当主氏真の単独政権になった。とはいえ寿桂尼については、すでに引退していることもあって、わずかな動向が知られるにすぎない。次に確認されるの

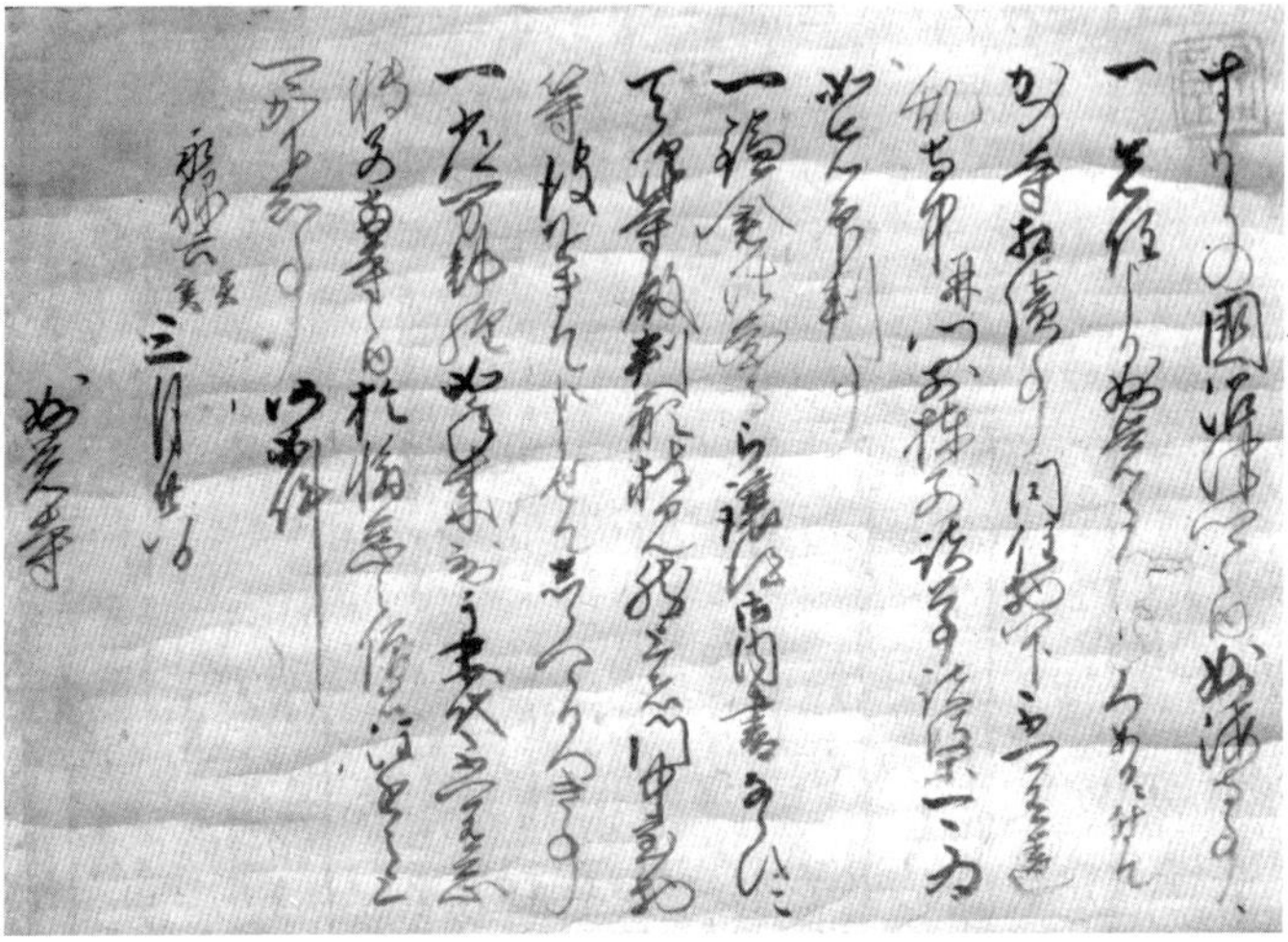

永禄6年（1563）3月28日付寿桂尼朱印状（妙覚寺蔵、写真提供：沼津市教育委員会、右筆3）

は、それから三年後に出された二通の発給文書になる。

（読み下し）

（朱印）

するがの国沼津郷の内妙海寺の事、

一つ、先住より妙覚寺［　　］くあるに付いて、かの寺相続の事、同じく住物以下違乱有るべからず、寺中ならびに門前棟別・諸公事・諸役等、先の印判の如くたるべき事、

一つ、鎌倉法花寺譲り得らるる御内書ならびに天沢寺殿（今川義元）判形披見す、然る上は門中宝物等、彼のおきてにまかせてしらべらるべき事、

一つ、常万部経《じょうまんぶきょう》、年来の如く末代に至

り怠転有るべからず、若し両寺の内懈怠の僧においては、注進の上下知を加うべき事、

仍て件の如し、

永禄六癸亥

三月廿八日

妙覚寺

（現代語訳）

駿河の国沼津郷の内妙海寺について

一つ、先代の住持から妙覚寺［　　　］があったため、その寺の相続について、同様に什物以下について、反対するようなことがあってはならない。寺中および門前に賦課される棟別役・諸公事・諸役などについて、以前の印判状の通りに（免除）する。

一つ、鎌倉法花寺から譲り得た御内書および天沢寺殿の判物の内容を見た。そうであるからには、門中の宝物などについて、その決まりの通りに調査されてよい。

一つ、常時の万部経の読経について、年来の通りにして末代まで退転することがあってはならない。もし両寺のなかで懈怠する僧がいたら、連絡をうけたなら（処罰の）命令を与える。

【24号文書（戦今一九〇五）】

22号と同じく沼津郷支配によるものになる。同郷所在の妙覚寺に、妙海寺の相続を認めて、同寺について従来通りの特権を保証している。妙覚寺が妙海寺をも管理することになったことにともなって出されたものになる。

（読み下し）

（朱印）

りょうしょささまの郷かみごうちむらの内において壱貫八百文地の事、

右、かの所長地《ながち》といえる地のふるき小庵を、竜雲寺の末寺として再興せしむるのよし申すに付いて、つけおくなり、永くしゅり・つとめ等、けたいあるべからざる也、仍て件の如し、

永禄六〈癸亥〉年

九月十一日

峯叟院

（現代語訳）

料所である笹間の郷上河内村の内における一貫八〇〇文の地について右については、その場所で長地という場所の古くからある小庵を、竜雲寺の末寺として再興するとのことなので、与えることにする。期限なく（堂社の）修理と勤行を怠ってはいけない。

【25号文書（戦今一九三四）】

前号と同年に出されたもので、23号と同じく笹間郷支配によるものになる。同郷所在の峯叟院に、笹間郷上河内村で寺領を与えている。同郷については「れうしよ（料所）」と明記されていて、寿桂尼の所領であったことが確認できる。峯叟院は、寿桂尼が居住する竜雲寺の末寺として再興したことにともない、寺領を与えている。

最後の発給文書

寿桂尼は生涯で二七通の発給文書を残しているが、次の二通がその最後にあたる。前号から一年後の永禄七年（一五六四）に出されたものになる。

（読み下し）

（朱印）

うつたりの郷のうち長慶寺かた一所の事、過ぎしつちのとのとりの年の印判のごとく、本増ともに余人いろいなく、ながくしょむあるべし、ただしこの寺務のうちより出す二〇俵の事は、こなた存生の間、蔵入りたるべき也、仍て件の如し、

永禄七甲子

十二月十八日　じゅけい（寿桂尼）

けいとく院

そうえい□（東カ）堂

（現代語訳）

内谷の郷の内長慶寺方一所について、去る己酉（天文十八年）の印判状の通りに、本増ともに他者が干渉することなく、期限なく所務（租税の徴収）をしてよい。ただし、寺務のなかから納税する二〇俵については、私が存生のうちは蔵入りにすることにする。

【26号文書（戦今二〇二二）】

所領の内谷郷長慶寺方について、もと得願寺住持の宗英に、天文十八年（一五四九）の印判状、すなわち18・19号の内容の通りに、寺領として保証したものになる。いわば代替わりにともなう安堵の性格のものになる。ここで出された理由について明確に理解することはできないが、宛名の宗英は、ここでは得願寺ではなく、「けいとく院」の住持となっていることからすると、在住寺院の変更にともなうものであったかもしれない。

ちなみに、同所についてはこれ以前の永禄四年（一五六一）十二月三日付で氏真判物が出されている（戦今一七七六）。それによれば、増分二〇俵については、さらにそれ以前の永禄元年に義元から保証をうけていたことがわかり、これはそれをさらに安堵したものということになる。氏真による安堵は、おそらくは義元戦死をうけての代替わりによるものと理解される。そこでは宗英は得願寺に在住しているから、その間に、宗英の在住寺院に変更があったことがわかる。

（読み下し）

（朱印）

遠州城東郡笠原の庄内高松神領七月朔日祭田の事、

壱段てえり、坪は門屋村若宮の前、
右、代々の判形のむねにまかせ、国家安全・武運長久のために、新きしんとして永く相違有るべからず、百姓職・年貢以下神主計らいたるべし、他の綺有るべからず、仍て寄進状件の如し、

永禄七甲子

十二月吉日

高松社神主殿

（現代語訳）

遠州城東郡笠原の庄の内高松社の神領七月朔日祭田について

一段。場所は門屋村若宮の前

右については、代々の判物の通りに、国家安全・武運長久の祈念のために、新寄進として期限なく（社領として）変更することはない。百姓職と年貢以下については神主が管轄しなさい。他者の干渉があることはない。

【27号文書（戦今二〇二三）】

遠江笠原庄門屋村（御前崎市）の高松社の神主に、神領を与えている。日付は十二月吉日とあるにすぎないので、実際に発給されたのが前号（26号文書）の前後どちらになるのかは確定できない。その神領は「代々の判形」、すなわち今川家当主歴代の判物を継承して出したことがみえているが、現在のところ、この内容に関する先行の判物は残されていないので、発給の事情をただちに確認することはできない。

しかし、後で引用するが、後にこの内容について氏真による安堵の判物が出されていて（戦今二一四〇）、そこに事情が記されている。それによれば、問題となっている神領はもとは高松社領であったが、近年は昌桂寺（菊川市）の寺領であった新野池新田（御前崎市）に組み込まれていたらしい。高松社は神領としての回復を寿桂尼に訴訟して、寿桂尼はそれを認めて朱印状を出したことがわかる。

このことからすると、寿桂尼がこれを出したのは、昌桂寺を管轄していて、それに基づくものであった可能性が考えられる。昌桂寺は、氏親の父義忠の菩提寺にあたる。しかし、同寺領については、氏輝・義元による安堵が行われているので（戦今四八七・一〇三九）、寿桂尼の所領となっていたとも思われない。そうすると、高松社は、寿桂尼に昌桂寺に対して何らかの影響力があるとみて訴訟し、寿桂尼はそれに応えてしまった、ということも考えられる。この場合、寿桂尼は何ら公的な権限を持っていないにもかかわらず、朱印状を出してしまったということになる。

いずれにしても、永禄七年十二月に出されたこの二通の朱印状が、寿桂尼がみせた動向として最後に確認されるものとなっている。寿桂尼はすでに七十九歳くらいになっていた。そして、それから四年後に死去するのであった。

それから死去までのうちに、寿桂尼に関わる史料として、二通の今川氏真判物がある。それらはいずれも、寿桂尼が出した朱印状の内容を保証するものであった。最初の一通は、いまみた高松社領に関するものである（戦今二一四〇）。

（読み下し）
遠州城東郡笠原庄の内高松神領七月朔日祭田壱段の事〈坪は門屋村済東の内若宮の前〉
右神領、近年新野池新田の内へ相紛れるの処、子細を申し上げるの条、竜雲寺殿（寿桂尼）印判出し置かるるの上は、前々の如く還附永く相違有るべからず、然らば他の綺を停止し、神主計らいたるべし、前々百姓年貢以下無沙汰に就いては、新百姓申し付けべくんば、神事祭礼等怠転無く勤仕すべきの状、件の如し、
永禄十〈丁卯〉年八月八日
上総介（花押）

高松社
神主

（現代語訳）

遠州城東郡笠原庄の内高松神領七月朔日祭田一段について。場所は門屋村済東の内若宮の前

右の神領は、近年は新野池新田の内に紛れていたところ、事情を申上してきたので、竜雲寺殿が印判状を出した上は、以前の通りに返還し、（社領として）期限なく変更することはない。そうなので他者の干渉を排除し、神主が管轄してよい。以前からの百姓が年貢納入をしなかった場合には、新百姓を任じることにするので、神事祭礼などについて怠ることなく勤めなさい。

永禄十年（一五六七）に出された判物で、寿桂尼が朱印状で高松社に安堵した内容を、その通りに保証するものとなっている。ただし「出し置かるるの上は」という表現からすると、すでに寿桂尼が朱印状を出してしまったので、というニュアンスが感じられ、本来は適切な処置ではなかった様子がうかがわれる。それでも、その内容の通りに保証しているのは、寿

桂尼が承認した内容を反故にすることが適当ではないと考えられたからであろう。氏真としても、その行為を尊重せざるをえなかったと思われる。

寿桂尼の朱印状から三年近く経って出されているのは、高松社があらためてその内容の保証を当主氏真に求めたからであろう。昌桂寺が支配を放棄しなかったなどの事情があったのかもしれない。

もう一通は、その翌年、寿桂尼が死去する直前に出されたものである（戦今二一六八）。

（読み下し）

築地郷漆畠の内円隆寺領の事、

右、定源寺殿（今川彦五郎）菩提として、竜雲寺殿（寿桂尼）御寄進の印判ならびに検地坪附け明鏡たるの間、本増共に永く領掌せしめ相違有るべからざれば、此の旨を以て増善寺末寺として、酒掃・勤行等怠慢有るべからざる者也、仍て件の如し、

永禄十一〈戊辰〉三月十日

上総介（花押）

円隆寺

（現代語訳）

築地郷漆畠の内円隆寺の寺領について

右については、定源寺殿の菩提のために、竜雲寺殿が御寄進した（内容の）印判状と検地坪付けの内容に明らかなので、本増共に期限なく管轄することを変更することはない。このことによって増善寺の末寺として（それに相応しく）、酒掃・勤行などに怠りがあってはならない。

築地郷の円竜寺に出された文書で、寿桂尼が天文十九年（一五五〇）に出した20号文書の内容を保証している。ただし、20号文書にはみえない内容として、朱印状の他に、検地の結果をうけて寺領の内容を書き立てた検地坪付けという文書と、本途・増分ともに寺領として認めること、さらに同寺を増善寺の末寺にすることがみえている。同郷に検地が行われた時期については確定できないが、検地坪付けは寿桂尼によって作成されたとみなされるから、これ以前のことであったことは間違いない。

ここで氏真がそれらの内容を保証しているのは、円竜寺からその要請があったからであろう。その事情を明確に認識することはできないが、検地増分の処置は当主の専権事項であったことからすると、たとえ領主がその領有を承認したとしても、当主から保証をうけておく必要があったからと考えられる。

寿桂尼の死去とその影響

そしてこれが、寿桂尼の生前において、彼女の動向をうかがわせる最後となっている。それから十四日後となる永禄十一年（一五六八）三月二十四日、寿桂尼は居住していた竜雲寺でついにその生涯を閉じた。八十三歳くらいであった。法名を竜雲寺殿峰林寿桂禅定尼とおくられた。おそらく当主氏真によって葬儀が営まれたに違いないが、それに関する情報は全く伝えられていない。永正二年（一五〇五）に今川氏親と結婚してから、実に六三年の歳月が経っていた。今川家の興亡を身をもって体験してきた、まさに生き証人であったといえるであろう。

この時期、今川氏真は甲斐武田信玄との同盟の破棄、武田家との開戦まで秒読みの段階に入っていた。きっかけは三年前、信玄が嫡男義信を廃嫡したことにあった。義信の正妻は氏真の妹・嶺寒院殿であったのだが、実は信玄と義信は、今川家に対する外交方針をめぐって対立していた。

そのため、氏真は信玄の対応に不信を募らせ、前年八月に甲斐への塩荷の通行を封鎖するという経済制裁を行った。これは事実上の「手切れ」に近かった。そしてその二ヶ月後の十月、信玄は義信を切腹させるのであった。これによって、今川家と武田家の婚姻関係は断絶した。

これをうけて氏真は、信玄に妹の帰国を要請、両者と同盟関係にあった北条氏康・氏政父子の仲介によって、帰国が実現する。その一方で氏真は、越後上杉輝虎（謙信）に通交して、信玄挟撃のための軍事同盟の締結を申し入れるのであった。そのため、互いに相手方の動静を注視するようになっていた。そうしたなかで武田方は、寿桂尼死去の情報を得ると、すぐに信玄のもとに連絡した。それを示すのが次の諏方（武田）勝頼書状（戦今二一七二）である。

（読み下し）

沓谷の大方（寿桂尼）死去に就き御書中に預かり候、則ち御陣下へ進上申し候、将又先日の以後、御陣の模様、珍説これ無く候条、申し入れず候、重ねて御左右候わば、是より申せしむべく候、其の境目珍しき子細候わば、御注進尤もに候、恐々謹言、

四郎

三月廿九日　　勝頼（花押）

栗原伊豆殿

（現代語訳）

沓谷の大方の死去について御書状をいただいた。すぐに（武田信玄の）御陣に報告した。ところで先日の後は、御陣の状況について変わりはないとのことなので、お伝えしなかった。今後御連絡があったなら、こちらから伝えることにする。そちらの境目の状況に変わった事情が生じたなら、御報告いただきたい。

諏方勝頼（信玄の四男）は武田家の本拠甲府（甲府市）に留守居をしていて、駿河との国境の拠点・本栖《もとす》（山梨県富士河口湖町）に在番していた栗原伊豆守から、「沓谷の大方」寿桂尼が死去したとの連絡をうけて、それをすぐに出陣先の父信玄のもとに連絡したのであった。寿桂尼が今川家の政務から引退してから、すでに一〇年近くが経っていた。にもかかわらず、武田方はその死去の情報を重要なものととらえていたことがうかがわれる。それだけ、寿桂尼の存在が政治的に大きかったことを顕著に示しているであろう。

寿桂尼所領の行方

寿桂尼の死去によってその所領はどうなったのか、追跡しておきたい。ここまでみてきたことにより、寿桂尼の所領として、駿河有度《うと》郡沓谷郷・庵原郡梅が谷村・志太郡内谷郷・同築地郷漆畠村・同笹間郷・駿東郡沼津郷が確認された。その他、今川時代の史料ではみられなかったが、今川家滅亡後の元亀二年（一五七一）に作成されたと推定されている、紀伊熊野社実報院の訴状に、駿河長田庄（静岡市）の熊野神領が「くつのや御つほね（寿桂尼）」の「まかない」領とされていたことがみえているので（戦今二四九七）、同所も所領であったことが確認される。

また所領ではなかったが、実子彦五郎の菩提寺の真珠院と円竜寺、氏親母で姑の北川殿菩提寺の得願寺、氏親の父義忠の菩提寺の昌桂寺について、管轄していたことを確認もしくはうかがうことができた。これらは、いずれも寿桂尼の近親にあたる今川家の人々の菩提寺となっている。このことからすると、寿桂尼は氏親後室として、それらの人々の菩提を弔う役割を担っていたと考えられるであろう。

寿桂尼の所領のうち、今川時代で所領の移動先が判明するのが笹間郷である。寿桂尼が死

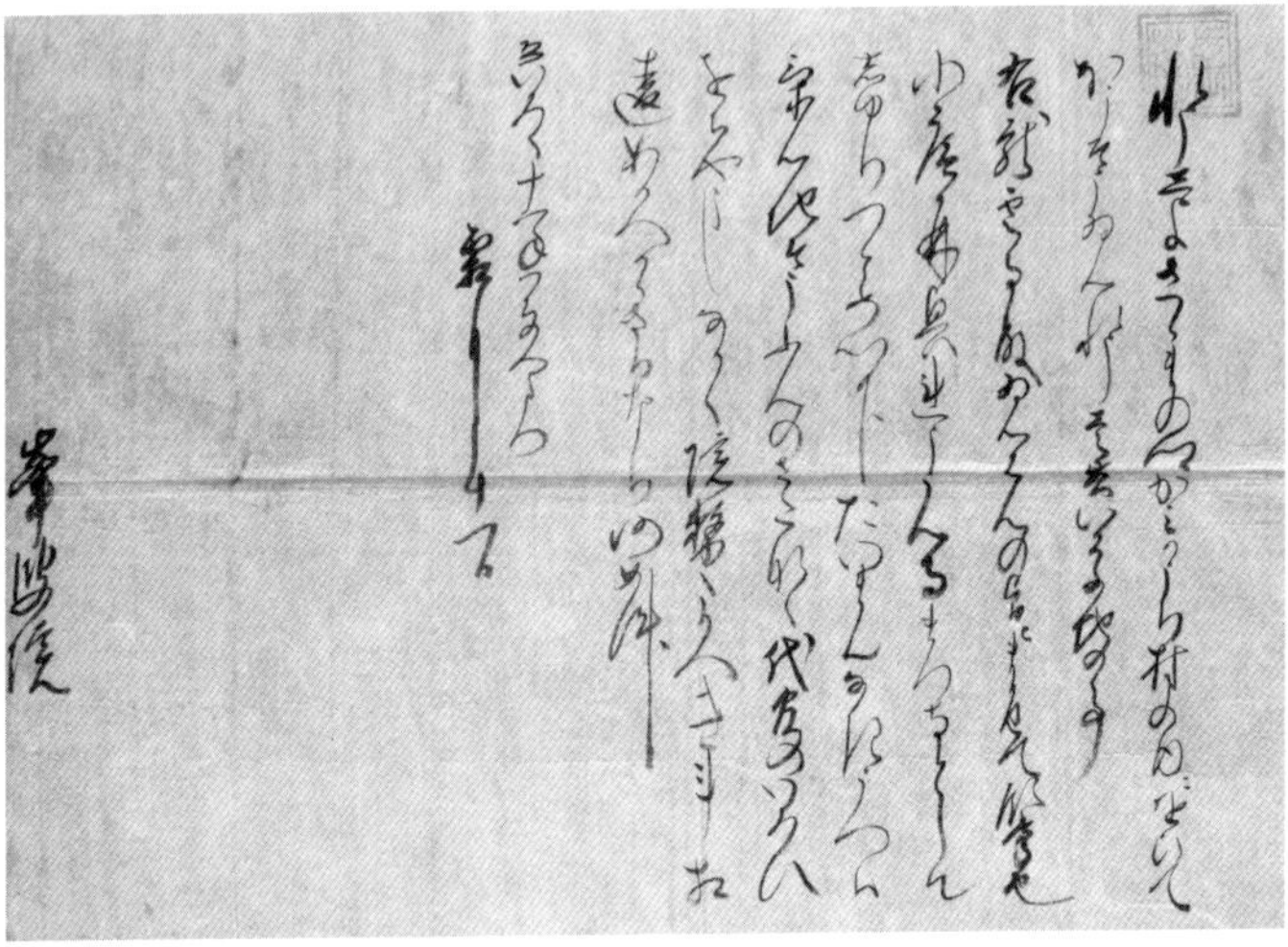

永禄11年（1568）11月11日付早河殿朱印状（個人蔵、写真提供：島田市博物館）

去してから八ヶ月後の永禄十一年（一五六八）十一月十一日付で、早河殿が峯叟院に、25号の「竜雲寺殿（寿桂尼）」朱印状の内容の通りに寺領を安堵する朱印状を出している（戦今二一九四）。これにより同郷は、今川家の「家」妻の地位を引き継いでいた早河殿に継承されたことがわかる。この朱印状は、漢字仮名交じり文で書かれ、早河殿が使用した「幸菊《こうぎく》」朱印が捺されているもので、寿桂尼の朱印状と同じ様式になっている。これによって、早河殿も寿桂尼と同じく、朱印状を発給していたことがわかる。

さらに注目されるのは右筆で、寿桂尼朱印状の25号と同一である。これは、寿桂尼の家政組織が早河殿に継承されたことを示している。また、寿桂尼が家「妻」であった時期、男性家臣がいたが、その膳方奉行の一人で筆頭的存在であった甘利佐渡守も、後に早河殿の家臣になっていたことが確認される（戦今二七六八〜九）。このことから推測すると、寿桂尼の家臣は、「家」妻の地位を引き継いだ早河殿に継承されたとみなされる。もっとも、男性家臣の継承は、膳方奉行の存在をみると、「家」妻の引き継ぎにともなうものであった可能性も想定される。

このように、寿桂尼の死後はその所領も家臣も、基本的には早河殿に継承されたとみることができる。これは戦国大名家における「家」妻の所領と家臣の継承関係について、具体的に知ることができる貴重な事例ととらえられる。

今川家の滅亡

しかし、早河殿の朱印状が出されてから一ヶ月も経たない永禄十一年（一五六八）十二月六日、武田信玄がついに氏真に「手切れ」して、駿河に侵攻してくるのであった。信玄は事前に、三河徳川家康と同盟を結び、家康も遠江に侵攻を開始した。対して氏真は、早河殿の実家の北条家に支援を要請、北条家は即決で氏真支援を決め、すぐに援軍を派遣し、当主氏政も十二日に出陣した。その十二日、今川軍は武田軍の侵攻を防げず、十三日に氏真は駿府から没落して、家老朝比奈泰朝（泰能の子、母は中御門宣秀娘）を頼ってその居城懸河城に退去した。この時、早河殿は輿を用意できず、徒《かち》で逃避することになった。後にそれを聞いた実父の北条氏康は、「この恥辱雪ぎ難く」と激昂し（戦北一一三四）、信玄への敵意を募らせている。

氏真は懸河城に籠城して、徳川軍の攻勢にしばらく耐えた。氏真には、妻早河殿、前年までに両者の間に生まれていた長女（のち吉良義定妻）、氏真妹の嶺寒院殿（武田義信後室）、伯母中御門宣綱妻とその夫宣綱、その娘（のち皆川広照妻）、寿桂尼の妹御黒木など、近親の一族が同行していた。ただ一人従わなかったのは、叔母の瀬名貞綱後室（竜泉院殿）で、その子信輝は武田家に従属したために、武田方に属して駿河にとどまっている。なお彼女は元亀二年（一五七一）九月八日に五十三歳くらいで死去し、法名を竜泉院殿光厳瑞国《こうげんずいこく》大姉とおくられた。

懸河籠城が続くなか、永禄十二年（一五六九）四月、中御門宣綱が死去している。そして五月九日、北条氏政と徳川家康の間で和睦が結ばれ、十五日に懸河城は開城となり、氏真一行は北条氏政が在陣していた蒲原城（静岡市）に引き取られた。二十三日、氏真は氏政の長男国王丸（のち氏直）を養子に迎えることになり、二十八日に隠居して国王丸に家督を譲った。これにより氏真は隠居となり、早河殿は「大方」と称されることになった。しかも、これにともなって駿河支配権は、国王丸実父の北条氏政に引き渡された。

ここに、戦国大名今川家は実質的に滅亡したのであった。氏真はその後、北条家の庇護のもと、その領国で過ごすことになる。早河殿はいちはやく、小田原城近郊の早川郷（小田原市）に居住し、実父氏康の庇護をうける。実は、彼女についての「早河殿」という呼称は、この早川居住に因むものであった。その年の七月には、御黒木が死去している。氏真・早河殿夫妻は北条家の支援による駿河支配回復を夢見ていたが、元亀二年（一五七一）十月、氏康の死去を契機に、氏政は駿河支配を断念して武田信玄と同盟を再締結した。これによって氏真は、北条家のもとでの駿河復帰の夢を絶たれることになった。また、それにともなって国王丸との養子関係も解消されたとみなされる。ただしその前年、氏真・早河殿夫妻には、嫡男範以《のりもち》が誕生していた。この後は彼がその後継者に位置する。

しかし、氏真・早河殿夫妻は内心では駿河復帰への夢を絶つことができなかったようである。天正元年（一五七三）四月に武田信玄が死去し、徳川家康による武田家への反攻が開始されると、氏真・早河殿とその一行は、北条領国から退去し、徳川家康に庇護を求めて遠江に移住するのであった。早河殿は実家の庇護を振り払ってまで、氏真と行をともにするものとなった。そこには、氏真・早河殿夫妻が抱く、駿河国主としての今川家の復活を志す強い信念を感じることができる。

ちなみに、駿河はその後、徳川家康の領国になる。そのなかで天正十三年十二月二十四日付で家康が真珠院に寺領などを安堵する朱印状を出しており、それは「長勝院（寿桂尼）」の「先証」の内容を保証するものとなっている（戦今二六二八）。これは、当時の史料に残された、寿桂尼に関する最後の記載である。徳川領国時代に残された史料はこれのみとなるのだが、その他に寿桂尼朱印状の内容が継承されたものもあったと考えられる。寿桂尼による保証は、徳川領国の時代になっても踏襲されたことが知られる。

ところで、氏真・早河殿の駿河国主復活は、結果として実現をみることはなかった。その後の氏真・早河殿の家族は、家康の庇護をうけて余生を過ごすことになる。それは四〇年におよんだ。そして、慶長十八年（一六一三）二月に早河殿が六十七歳くらいで、翌同十九年十二月に氏真が七十七歳で、相次いで死去するのであった。この氏真・早河殿夫妻の人生をどのように理解すべきか、大いに興味を惹くところである。とりわけ早河殿は、実家の庇護を捨ててまで夫氏真と行をともにしたのであり、そこには寿桂尼から引き継いだ今川家の「家」妻としての気概のようなものがあったのではないか、とも想像される。この興味深い二人の生涯を追究することも、今川家研究における今後に残された課題となろう。

「おんな家長」の消滅

本書では、戦国大名今川家において「おんな家長」として存在した寿桂尼の生涯を、当時の史料をもとに可能な限りその動向を取り上げ、辿ってきた。そこでは、今川家における「家」妻としての役割、さらにはその延長に位置し、当主が政務を執れない状態にあっては当主の代行として家長権を行使する立場を「おんな家長」と定義づけた。

寿桂尼が「おんな家長」として存在したのは、嫡男氏輝が当主になったものの、氏輝が体調不良によって政務が執れなかった時期においてみられたものであり、断続的なものであった。そこでは、当主氏輝が決裁できない状況にあって、今川家として決裁しなければならないものを、寿桂尼が当主を代行して家長権を行使したのであった。しかし、寿桂尼による保証は永続的なものとは認識されておらず、その後、男性家長によってあらためて保証をうける必要があった。そのため、寿桂尼による保証は、当座のものにすぎなかったとみなされる。

それは、家父長制の原理に基づいていたためであった。しかし、そのなかにあって、「家」妻が家長権を、制限付きではあっても行使することができていた。このこと自体が、この時代の、戦国大名権力における特徴として認識できると考えられる。寿桂尼にみられた「おんな家長」の動向は、他にほとんど事例をみることができない。戦国大名権力というレベルにおいては、寿桂尼がほとんど唯一の事例といってよい。しかし、それ故にこそ、寿桂尼の事例に、当時の社会一般が包含していた特質をみいだすことが可能であると考える。

本書で成し遂げることができたのは、寿桂尼の事例を丁寧に提示し、それぞれの内容についてできるだけ理解することであった。したがって、戦国時代における、なかでも戦国大名権力における「おんな家長」の全容を把握するところまでは到達していない。しかしこの問題は、他の戦国大名家にみられる事例、さらには禁裏・将軍家・上級公家における事例、それらの室町時代における状況、そして以後の豊臣政権期・江戸幕府期における、類似の状況の解明とあわせることによって、初めて遂げられるものとなる。本書によるこころみは、そのための貴重な事例を提供するものとなるだろう。

戦国時代における「おんな家長」の存在は、そう簡単に検出することはできない。そうしたなかで最後の事例になっているのではないか、とみなされるのが、羽柴（豊臣）秀吉死後の羽柴家における浅井茶々の場合である。秀吉の死後、関ヶ原合戦の結果として、羽柴家は事実上の一大名家のような存在になった。当主秀頼は幼少のため、秀吉後室の一人として位置するとともに秀頼実母であった茶々が、事実上の家長として存在していたとみなされる。茶々の家長権の行使の状況についても明確になっているとはいいがたいが、秀頼の家長権行使開始後にも、茶々による家老片桐且元《かたぎりかつもと》への起請文発給やその処罰決定から、明確に家長権の行使を認識することができる（拙著『羽柴家崩壊』）。

しかし、そのような立場にあった茶々によるさまざまな決定について、秀頼家臣のなかには、女性が口だしすることではない、という批判もみられるようになっていた。筆者はそこに「おんな家長」に対する認識の変化をみいだすことができるように感じている。そのような認識は、寿桂尼の時代にはみることができない。その後の統一政権の成立にともなって形成されたのではないかと予想される。そのことをもたらす背景と、そうした状況の一般化によってどのような結果になっていったのか、これらの点はあらためて追究の必要があると考える。

「家」妻の近世的展開へ

そのことを考えるにあたって、「おんな家長」という存在が「家」妻の役割の延長に位置したとみなされることを踏まえると、その動向は「家」妻の役割の変化に連動しているのではないか、ということが予想される。しかし、戦国大名家における「家」妻の機能・役割についても、これまで十分に検討されてきているわけではない。むしろ本書において、寿桂尼の場合についてその機能・役割を検出してきたことが、重要な指標になるとすらいえるであろう。

本書では、寿桂尼の場合について、当主の妾を含む「奥」の統括、当主への取り成し、子どもたちの処遇の差配、台所の管轄、近親一族の菩提の弔い、他大名との外交での内意の伝達、といったことが認識された。もちろん「家」妻の役割は、それだけではなかったであろう。その全容の把握は、やはり他の事例とあわせることで遂げられることになる。

そのような研究段階ではあるが、戦国大名家、あるいは近世初期の武家権力において、「家」妻の機能と役割はどのような変化がみられたと考えられるであろうか。近年における関連研究の成果のなかに、いくつか注目される事柄をみることができる。

一つは、子どもたちの兄弟間関係を取り持ったり、子どもへの教育を担っていたり、家臣の身上についても気配りしていたことである。これは、安芸毛利家の事例によるものであるが、毛利元就《もとなり》・隆元の時期にはその状況がみられていたが、豊臣政権に服属して以降の輝元《てるもと》の時期には、みられなくなっているという（五條小枝子『戦国大名毛利家の英才教育』）。それらは、男性家長や家臣たちの役割に変化していったらしい。

もう一つは、家財産の管理である。大坂城の天守における当主の生活空間やそこに蓄蔵されていた財産は、羽柴秀吉の正妻・高台院寧々が管理していたという（福田千鶴「天守の機能」『城割の作法』)。その後の武家社会では、天守や財産の管理はやはり男性家長と家臣たちの役割に変化していくことになる。その転換の過程の解明がまたれる。

さらに、一夫多妻制から変化して一夫一妻制の成立と、それにともなう「奥」構造の変化である。これは、大坂の陣後における江戸幕府による大名統制の過程で成立したもので、これによってそれまでの「本妻」「別妻」「妾」からなる妻妾のあり方が、本妻(正妻・正室)・事実妻(側室)・側妾・侍女という在り方に変化し、奥向きの在り方も変化することが明らかにされている(福田千鶴『近世武家社会の奥向構造』)。

このようなことを踏まえると、近世統一政権の展開にともなって、室町時代後期からみられた「家」妻の在り方が大きく変化していったことが認識される。それらの総合的な把握についてはいまだ見通しも立てられていない状況にあるが、その変化は、中世から近世への展開における女性の在り方の変化にとどまる問題ではなく、家権力の在り方とそれを基礎にした社会構造の在り方の変化を反映するものと認識される。今後において意識的に追究していくことが必要である。

おわりに

本書は、寿桂尼についての、初の本格的な評伝となる。私にとっても、戦国女性についての本格的な評伝書として、初めてのものになっている。もっとも私は戦国女性を取り上げたものとしてすでに、本書と同じ平凡社の《中世から近世へ》シリーズにおいて、『羽柴家崩壊』（二〇一七年）と『北条氏康の妻　瑞渓院』（二〇一七年）を刊行している。しかしながら、前者は生涯のうち一部分を取り上げたもの、後者は史料の絶対的な不足から評伝にはいたっていない。そのため私にとって、本書こそが、戦国女性について初めての本格的評伝といえる。

私が戦国女性に注目するようになったのは、その『羽柴家崩壊』で、羽柴秀吉死後の浅井茶々の存在に関心を寄せてからになる。その関心は戦国大名家にもおよび、その年のうちに同じシリーズから『北条氏康の妻　瑞渓院』を刊行した。寿桂尼は同書の主人公である瑞渓院殿の母であり、その頃から寿桂尼について本格的に検討しようと思うようになった。その後、同じシリーズから『今川氏親と伊勢宗瑞』（二〇一九年）を刊行した。主人公は二人の戦国大名家当主であったが、影の主人公というべき存在が、氏親の母であり宗瑞の姉でもある北川殿であった。いうまでもなく寿桂尼の姑にあたる。寿桂尼への関心はさらに高まるものとなった。

こうしてみると、私はこの《中世から近世へ》シリーズで、いずれも戦国女性に注目するものを刊行してきたことになる。そしてこれらの仕事を通じて、戦国大名家さらには戦国社会を理解するうえで、女性の役割の重要性と、そのことを把握・評価することの重要性をますます認識するようになった。それまでの戦国大名研究・戦国社会研究において、その問題が十分に追究、位置づけられているとはいいがたかったからである。本書は私にとって、そのことを本格的に追究していく最初の一冊となる。その事例に寿桂尼を選び、それを同シリーズから刊行することは、自然な流れであったといえよう。

ところで、私自身にとって、その問題に取り組む必要性を意識したきっかけになったのは、あるドラマ制作に参加していた際の、ある女優との会話にあった。イベント出演でご一緒した際、待ち時間での会話のなかで、「私は時代劇はあまり好きではないんです」「女性が輝けないから」という内容の発言をうかがった（正確な表現はどうであったか覚えていないが）。それ以来、そのことがずっと気に掛かるようになっていた。

たしかに前近代社会は家父長制社会であるから、社会主体は基本的に男性になる。そのため歴史上における表現は、男性を中心にしたものになりがちになる。私自身は、社会主体は組織の代表を表現するものであるから、それは社会組織の行為として表現しているのであり、決して男性中心に社会を表現していたわけではないと思っていた。しかしそれだけでは、表面的には男性を中心とした歴史表現にしかなっていないことに、思いいたるようになった。

人間社会はいうまでもなく、男性と女性からなり、その比率はほぼ半分ずつである。しかしながら家父長制社会についての歴史叙述は、男性だけが表面にでているのが現状である。ではどうすれば家父長制社会についても、社会の有り様を、男性・女性の差別なく、人間社会の営為として把握し、それを叙述することができるのか、そのことを真剣に意識し、工夫していくことが大切と考える。もちろんこれまでにも、一九八〇年代以降、女性史研究・ジェンダー研究というかたちで、それへの挑戦が続けられている。しかしながら本書で指摘したように、戦国大名研究における女性の役割の解明がほとんどすすんでいないことをみれば、まだまだその営みは不十分であるといわざるをえない。そのためその営みは、これからも不断に、より一層意識的にすすめていかなくてはならないであろう。

しかしそれだけではない。追究のための視角や方法論をより鋭くしていく必要があると考える。家組織における、男性・女性それぞれの役割について、身分・階層、さらに時代による違いと変化、その意味を、明確にしていくとともに、そのうえで、史料にあらわれる男性家長による行動のなかに、歴史の表面にはみえてこない、史料の裏面に潜む女性の役割を十分に認識し、それを表現する思考と叙述の工夫こそが必要なのではないかと思う。それが遂げられた時、前近代社会についての歴史叙述は、おそらくこれまでと全く異なる風景のものとなるに違いない。

本書の内容の一部を、勤務先の大学での一般教養科目のなかで取り上げた。内容に大きな反応をみせたのは、多くの女子学生であった。彼女らから寄せられたコメントをみるに、現代にも続いている家父長制社会の根深くかつ根強い残滓と、それに直面している彼女らの姿を、否応なく認識させられた。それをうけて、歴史学者の一人として、この問題の克服に少しでも寄与すべし、との思いを強くした。そのためには家父長制社会における社会の建前と実態の乖離、その残滓が現在にも続いている状況を、鮮明にしていくことが第一歩になろう。今後において私自身、そのために微力ながら尽力していきたいと思う。

最後に、寿桂尼文書の写真蒐集にあたっては大石泰史氏と鈴木将典氏に大変にお世話になった。また本書の刊行にあたっては、これまでと同じく坂田修治さんと本書の編集にあたっていただいた進藤倫太郎さんのお世話になった。末筆ながらあらためて御礼申し上げます。

二〇二〇年十二月

黒田基樹

寿桂尼関連年表

和暦(年)		西暦(年)	寿桂尼の動向
文明	18	1486	この頃　生まれるか
長享	1	1487	妹御黒木（山科言綱妻）生まれる。母は西方院。寿桂尼の異母妹
永正	1	1504	6月19日　今川氏親の使者が中御門宣胤のもとに到着 7月20日　今川氏親の使者が中御門宣胤のもとに到着 7月30日　今川氏親の使者が中御門宣胤のもとに到着 8月20日　中御門宣胤、氏親の使者が二日後に帰国するにあたり進物を託す 8月25日　中御門宣胤、酒宴を催し氏親姉（三条実望妻）らと対面する 10月14日　今川氏親から中御門宣胤に送られた使者が駿河に下向する
	2	1505	この年　今川氏親と結婚するか
	8	1511	6月　北川殿が「大上様」でみえる。安東庄熊野宮造営に五貫文を出資する この年　中御門宣綱生まれる この頃　氏親嫡女（吉良義堯妻）を生むか
	10	1513	氏親嫡男氏輝（竜王丸）を生む
	12	1515	5月18日　竜王丸（氏輝）の初見。「悉曇初心問答抄」「印融記」を書写される

		この年　北条氏康生まれる
		この頃　氏親次女（中御門宣綱妻）を生むか
14	1517	5月15日　中御門宣胤、三日後に駿河に下向する宇野藤五郎（定治か）に、氏親・寿桂尼（「息女」）・上臈・阿茶への進物を託す
		10月29日　中御門宣胤、氏親・寿桂尼（「息女」）の書状を受け取る
		閏10月8日　中御門宣胤、駿河に下向する慶蔵主に、氏親・寿桂尼（「息女南殿」）・阿茶々・三条実望父子らへの書状を託す
		12月17日　中御門宣胤、真性院から自身や寿桂尼（「駿河息女」）らの当年星の護符を受け取る
		この年　氏親次男恵探生まれる。母は福島氏娘
15	1518	2月12日　中御門宣胤、氏親・中御門宣秀・寿桂尼（「息女」）・阿茶々から贈られた進物を受け取る
		4月29日　中御門宣胤、宣秀の娘を氏親の媒介により遠江に下向させる。氏親・寿桂尼（「息女」）らに進物を贈る
		5月19日　中御門宣秀娘、遠江懸河城に到着する
		6月24日　中御門宣秀娘、懸河城主朝比奈泰能と結婚する
		9月21日　中御門宣胤、氏親・寿桂尼（「息女」）らからの進物を受け取る
		12月12日　中御門宣胤、氏親・寿桂尼（「息女」）からの書状を受け取る
		この頃　氏親三女瑞渓院殿（北条氏康妻）を生むか
16	1519	6月2日　中御門宣胤、氏親・寿桂尼（「息女」）の書状を受け取る
		7月13日　中御門宣胤、寿桂尼（「息女」）の書状を受け取る

永正			8月8日　北川殿に関して「北川殿」呼称の初見
			10月2日　中御門宣胤、氏親・寿桂尼（「息女」）からの進物を受け取る
			11月2日　中御門宣胤、氏親からの使者小川に、氏親・寿桂尼（「息女」）への書状・進物を託す
			この年　氏親三男芳菊丸（承芳・義元）生まれる
			この頃　氏親四女（瀬名貞綱妻）生まれるか
	17	1520	この年　瀬名貞綱生まれる
			この頃　氏親四男彦五郎を生むか
大永	4	1524	6月　氏親の在俗段階の終見
			9月20日　氏親の出家の初見
			11月20日　三条西実隆、中御門宣胤からの書状で、寿桂尼（「駿河守護女房」）から源氏物語への外題を要請される
	5	1525	11月17日　中御門宣胤死去
			11月20日　今川氏輝、元服
	6	1526	6月18日　今川氏親の発給文書の終見
			6月23日　今川氏親死去
			7月2日　今川氏輝・寿桂尼（「御前様」）、氏親の葬儀を行う。承芳・恵探は参列する
			9月26日　遠江村櫛庄大山寺理養坊に寺領を安堵する。寿桂尼発給文書の初見
			12月26日　遠江昌桂寺に寺領を安堵する
			12月28日　朝比奈泰能に遠江美薗内万石六郎左衛門名田年貢の免除を命じる

7	1527	4月7日　遠江榛原郡上泉村心月庵に棟別役などを免除する 4月23日　中御門宣秀ら、駿河下向のため京都を出発 6月3日　今川家、武田信虎と和睦する 6月23日　氏輝、氏親一周忌に和歌会を催す。氏輝の政治活動の初見
享禄 1	1528	3月28日　氏輝、遠江国府八幡宮神主に社領を安堵し、また遠江在所の家臣に所領を安堵する。氏輝発給文書の初見 8月13日　氏輝、大山寺理養坊に大永六年九月二十六日付寿桂尼朱印状と同内容の判物を与える 9月17日　氏輝、遠江笠原庄高松社神主に諸役免除を安堵する。以後しばらく氏輝発給文書は途絶える 10月18日　大井新右衛門尉に皮多彦八への屋敷を安堵する。寿桂尼の発給文書の再開
2	1529	3月19日　駿河富士郡上野郷大石寺に門前諸役・棟別役等の免除を安堵する 4月26日　中御門宣秀、駿河から上洛する 5月26日　北川殿死去 12月7日　駿河沢田郷後藤善右衛門に、年貢負担する田畠・屋敷について、北川殿の検地によって確定された年貢高通りに安堵する 12月11日　駿河沼津郷妙覚寺に寺中棟別役等を免除する
3	1530	正月29日　氏輝、駿河富士郡北山本門寺に棟別諸役免除等を安堵するが、花押はなく、寿桂尼が朱印を据える 3月18日　駿河新長谷寺の千代菊に同寺領を安堵する

年号	年	西暦	事項
享禄			6月27日　遠江二俣郷阿蔵村玖延寺に寺領を安堵する
			6月30日　遠江米蔵郷極楽寺に寺領を安堵する
			7月7日　氏輝、和歌会を催す
			9月13日　氏輝、和歌会を催す
	4	1531	3月23日　酒井惣左衛門に買得地での植林を認める
			4月16日　近衛尚通、氏輝からの返書と進物を受け取る
			5月9日　中御門宣秀、駿河の禁裏御料所年貢等を後奈良天皇に献上する
			閏5月朔日　遠江華厳院に諸特権を保障する制札を与える。全文真名文
			閏5月19日　中御門宣秀、飛鳥井雅綱から駿河に下向するにあたり書状を所望される
			7月9日　中御門宣秀死去
			8月27日　駿河からの使者の上洛をうけて、三条西実隆と四条隆永は中御門宣綱の上洛について相談する
			11月25日　氏輝、連歌会を催す
天文	1	1532	正月　氏輝、和歌会を催す
			3月6日　氏輝、大永六年十二月二十六日付寿桂尼朱印状に証判を据える。氏輝の発給文書の再開
			6月20日　氏輝、大石寺に享禄二年三月十九日付寿桂尼朱印状と同内容の判物を与える
	2	1533	正月22日　善得寺承芳、駿府善徳院に居住が所見
	3	1534	5月24日　氏輝、玖延寺に享禄三年六月二十七日付寿桂尼朱印状と同内容の判物を与える
			5月25日　大田神五郎に、富士金山に上す荷物の運送を保証する。全文真名文。奉書形式

		7月	氏輝、甲斐に進軍する
4	1535	7月29日	氏輝、甲斐に向けて出陣
		8月19日	甲斐万沢合戦
5	1536	2月以前	三女瑞渓院殿、北条氏康と結婚する
		2月2日	氏輝、北条家の本拠小田原を訪問する
		2月5日	氏輝、小田原で和歌会に参加する
		3月5日	氏輝、伊豆熱海に滞在する
		3月17日	氏輝・彦五郎死去
		4月27日	花蔵の乱始まる
		5月3日	承芳、将軍足利義晴から偏諱と家督相続を認める御内書を出され、今川五郎義元を名乗る。但し日付は遡らせたものか
		5月24日夜	寿桂尼（「氏照ノ老母」）、駿府の福島越前守宿所に行く
		5月25日未明	駿府で合戦。福島勢は敗北して久能に後退する
		6月6日	承芳か、駿河小坂瑞応庵に禁制を与える。承芳発給文書の初見か
		6月8日もしくは10日	承芳、花蔵殿恵探を滅ぼす
		6月9日	承芳、富士宮若に在陣の戦功を賞する感状を与える。承芳発給文書の明確な初見
		8月5日	義元、遠江頭陀寺に白山先達職を安堵する。義元発給文書の初見
		11月3日	義元、岡部親綱に花蔵の乱において、恵探が所持してた、乱以前に寿桂尼（「大上様」）が恵探に与えていた御注書を取り返した戦功を賞する
6	1537	2月10日	義元、武田信虎娘定恵院殿と結婚する
		2月21日	義元と北条氏綱の同盟破綻、河東一乱が始まる

天文		
7	1538	この年　今川氏真生まれる
10	1541	この頃　氏親四女、瀬名貞綱と結婚するか
13	1544	正月22日　山科言継、遠江懸河からの中御門宣治の書状を受け取る 12月10日　中御門宣治、駿河から上洛する この年　瀬名貞綱嫡男信輝生まれる
14	1545	正月18日　中御門宣綱、駿府に滞在 4月4日　中御門宣治、姉朝比奈泰能妻のために「太平記」一二冊を装丁する 7月24日　義元、河東に出陣 10月22日　義元、北条氏康と停戦を成立させる 11月6日　義元、駿河長窪城を受け取る 11月9日　武田晴信、義元家臣松井貞宗に書状を送り、寿桂尼（「駿府大方」）の意向をうけて今川・北条の和睦を仲介したことを伝える この年　北条氏康四男氏規生まれる
16	1547	4月2日　駿河内谷瑞光院に、長慶寺方山の境を保障する 10月4日　駿河梅谷村真珠院に寺領を寄進する。袖に義元の証判をうける。「長勝院」と署名する
18	1549	11月23日　得願寺宗英に駿河内谷郷長慶寺方寺領を寄進する。「しゆけい」と署名する。袖に義元の証判をうける 同日　得願寺宗英に寄進した駿河内谷郷長慶寺方寺領のうち増分二〇俵について、寿桂尼生前は弥七郎に与え、死後に同寺支配とすることを保証する。「しゆけい」と署名する。袖に義元の証判をうける

19	1550	5月26日　義元娘隆福院殿死去 6月2日　義元妻定恵院殿死去 11月17日　駿河築地郷漆畠村円竜寺に寺領を寄進する
20	1551	5月23日　駿河沼津郷妙覚寺に買得地を寺領として寄進する 7月26日　武田晴信弟信廉が武田晴信嫡男義信と義元娘嶺寒院殿との婚儀に関して駿府に到着 12月11日　氏真、屋形を移す
21	1552	4月朔日　武田晴信、義信婚姻にともない義元に起請文を出す 10月22日　義元娘嶺寒院殿、武田義信との結婚のため駿府を出発 11月27日　義元娘嶺寒院殿、武田義信と結婚する この頃　北条氏康四男氏規、駿府に送られるか
22	1553	2月7日　義元、氏真に教訓状を出す。氏真はこれ以前に元服 4月7日　山科言継、継母御黒木（寿桂尼妹）の駿河下向にあたり、朝比奈泰能・同泰朝・泰能妻（中御門宣秀娘）・寿桂尼（「今河母儀」）・中御門宣胤に書状を送る 4月9日　妹御黒木、駿河に向けて京都を出発
23	1554	7月　氏真、北条氏康娘早河殿と結婚する 7月16日　北条家、「駿州御祝言」にあたり六六七貫文などの伊豆西浦から駿河清水までの運送を、伊豆西浦船方に命じる 11月晦日　保正寺祖芳、遠江石雲院に、寺領検地に関して、寿桂尼（「御大方峰林寿圭大姉」）から義元判物二通の発給を取り成してもらったことを伝える

弘治	1	1555	9月4日　中御門宣綱、駿河から上洛する
	2	1556	9月11日　山科言継、継母御黒木見舞いのため駿河に下向する 9月24日　中御門宣綱、駿府に滞在 9月25日　山科言継、寿桂尼（「大方」）家臣甘利佐渡守・福島八郎左衛門に進物を送る。甘利佐渡守が内々に今晩の食事を差配する 9月26日　寿桂尼家臣甘利佐渡守・福島八郎左衛門ら、山科言継の宿所に招かれる 9月27日　寿桂尼家臣甘利佐渡守・福島八郎左衛門、山科言継の宿所を訪れ進物を送る。寿桂尼娘中御門宣綱妻（「中御門女中」）、山科言継から葉室頼房母（中御門宣秀娘「葉室母」）からの書状を渡される。また宣綱妻が言継母に送った進物が言継に送られてくる 10月朔日　寿桂尼（「大方」）家臣藁科彦九郎、山科言継に進物を送る。甘利佐渡守、礼のため言継を訪れる。言継から寿桂尼への進物が送られる 10月2日　寿桂尼（「大方」）・中御門宣綱妻（「中御門女中」）・北条氏規（「大方の孫・相州北条次男」）、湯山に湯治に行く。家臣甘利佐渡守・藁科彦九郎、供奉する。山科言継、その留守に母を訪問、寿桂尼屋敷の庭を見物する 10月4日　元坊城家臣関忠兵衛、寿桂尼（「大方」）酒油等奉行に任じられる。今川義元・氏真、湯山に寿桂尼を訪問する 10月5日　寿桂尼家臣関忠兵衛、山科言継から進物を送られる 10月6日　中御門宣綱、湯山に寿桂尼を訪問する 10月10日　山科言継、寿桂尼（「大方」）の座敷・持仏堂を見物する。寿桂尼家臣甘利佐渡守、山科言継を訪問し進物を送る

10月11日　寿桂尼家臣甘利佐渡守、山科言継から昨晩の礼として進物を送られる
10月17日　寿桂尼（「大方」）、湯山より帰る
10月19日　寿桂尼家臣藁科彦九郎、山科言継から進物を送られる
10月22日　寿桂尼家臣甘利佐渡守、山科言継から進物を送られる
10月23日　中御門宣綱妻（「中御門女中」）・同娘（「中御門姫御料人」）、山科言継から進物を送られる。寿桂尼家臣甘利佐渡守、今川家臣牟礼元誠が在所に帰るにあたり、山科言継への世話を委ねられる
10月28日　寿桂尼（「大方」）、山科言継を来訪させる。家臣甘利佐渡守、その旨を言継に伝え、家臣福島八郎左衛門が迎えに行く。対面の際、孫賀永（中御門宣綱子か）が同席。賀永・上﨟（「円明坊伯母・冷泉局」）・奥殿（「元上﨟、今尼也」）・中﨟頭小宰相、山科言継から進物を送られる
10月29日　寿桂尼家臣甘利佐渡守・福島八郎左衛門、山科言継から使者を送られる。寿桂尼（「大方」）、甘利を使者に言継に進物を送る
10月30日　山科言継、寿桂尼（「大方」）への礼に甘利佐渡守のもとに使者を送る
11月朔日　山科言継、寿桂尼（「大方」）へ進物を送る。寿桂尼、新大夫小女房を使者に進物を返礼する
11月3日　寿桂尼（「大方」）、奥殿を使者に山科言継に進物を送る
11月8日　中御門宣綱妻（「中御門女中」）、山科言継に来訪を要請し、進物を送る。寿桂尼（「御屋敷」）、奥殿を通じて言継に進物を送る
11月11日　寿桂尼（「大方」）、中御門宣綱を訪問する
11月14日　寿桂尼家臣甘利佐渡守、山科言継を訪問する

11月15日　寿桂尼家臣甘利佐渡守、山科言継を訪問し、義元への見参の内儀を伝える。寿桂尼（「大方」）、奥殿を使者に言継に風呂の馳走を伝える。言継は甘利佐渡守・藁科彦九郎らと入る
11月19日　寿桂尼家臣甘利佐渡守、山科言継を訪問する。次いで義元への見参のため迎えに行く。義元と言継の会食に際し、寿桂尼（「大方」）は食事を提供する
11月20日　山科言継、寿桂尼家臣甘利佐渡守に使者を送る。寿桂尼（「大方」）、明日の晩餐に言継を招き、甘利佐渡守を使者に派遣する。甘利佐渡守、言継の氏真邸訪問に同行する
11月21日　寿桂尼（「大方」）、晩餐を催し、義元・奥殿ら列席する。甘利佐渡守・藁科彦九郎給仕する。また山科言継の訪問をうけ、薬を進上される
11月22日　甘利佐渡守・奥殿、山科言継から使者を送られる。寿桂尼（「大方」）、御黒木を通じて言継に進物を送る。甘利佐渡守、言継の関口氏純らへの訪問に伴する
11月23日　山科言継、御黒木を通じて氏真妻（「五郎殿女中」）に薬を進上する。寿桂尼家臣甘利佐渡守、言継の宿所で飲酒する
11月25日　寿桂尼（「大方」）、御黒木を通じて山科言継に進物を送る
11月26日　寿桂尼家臣甘利佐渡守・藁科彦九郎、山科言継の朝食に相伴する。寿桂尼（「大方」）、山科言継に進物を送る
11月28日　山科言継、瀬名貞綱妻（「新造・太守の姉・中御門女中妹」）・寿桂尼（「大方」）女房中﨟新大夫・同小官女茶阿に薬を送る
11月30日　中御門宣綱妻（「中御門女中」）、山科言継に進物を送る
12月朔日　寿桂尼（「大方」）、山科言継の訪問をうけ、藁科彦九郎が取り次ぐ

12月4日　寿桂尼（「大方」）・御黒木ら、義元の意向として山科言継に上洛を慰留する
12月6日　寿桂尼家臣甘利佐渡守、山科言継を訪問し、寿桂尼（「大方」）が要請した越年について言継から領承の返事をうける
12月7日　寿桂尼家臣奥殿・小宰相・甘利佐渡守、山科言継から使者を送られる
12月8日　山科言継、御黒木を訪問し、寿桂尼（「大方」）から送られた餅を食す
12月10日　寿桂尼（「大方」）、山科言継を風呂に招く。寿桂尼家臣甘利佐渡守・福島八郎左衛門らともに入る。寿桂尼、言継に進物を送る
12月14日　瀬名貞綱嫡男虎王、御黒木を通じて山科言継から進物を送られる
12月18日　孫賀永（「伊豆の若子」）、祝言を行う。中御門宣綱、無興という。寿桂尼家臣岩本六郎右衛門、山科言継から進物を送られる
12月19日　寿桂尼家臣福島八郎左衛門、山科言継を訪問する
12月21日　寿桂尼家臣岩本六郎右衛門、山科言継を訪問する
12月22日　朝比奈泰能妻（「朝比奈備中守女中」）、山科言継に送った進物が届けられる
12月23日　山科言継、賀永（「伊豆の若子」）に進物を送る。寿桂尼（「大方」）・賀永、言継に進物を送る
12月24日　寿桂尼（「大方」）・賀永（「若子」）、昨日山科言継から送られた進物を取り寄せる。賀永、御黒木を訪問する
12月25日　寿桂尼（「大方」）、義元を晩食に招く
12月26日　中御門宣綱娘（「姫御料人」）、山科言継から進物を送られる
12月27日　寿桂尼（「大方」）、山科言継に進物を送る
12月29日　山科言継、寿桂尼（「大方」）邸の風呂に入る

弘治	2		12月30日　寿桂尼家臣甘利佐渡守、使者として山科言継を訪問する。寿桂尼（「大方」）、岸彦太郎を使者に、言継に進物を送る。言継、歳末の礼に寿桂尼を訪問するが、入浴中により家臣岩本六郎右衛門・新大夫が対応する
	3	1557	正月2日　賀永（「伊豆の若子」）、山科言継から進物を送られる 正月3日　寿桂尼家臣甘利佐渡守、山科言継を訪問する。寿桂尼（「大方・今川母・老母姉」）、言継の訪問をうける。甘利佐渡守取り次ぐ。寿桂尼・賀永、言継から薬を送られる。晩食に賀永・奥殿が相伴する 正月4日　寿桂尼家臣甘利佐渡守、山科言継から使者を送られる。「屋形五郎殿」とみえ、氏真が家督を継ぐか 正月5日　寿桂尼家臣甘利佐渡守、山科言継から使者を送られる。寿桂尼（「大方」）、甘利佐渡守を使者に言継に進物を送る 正月7日　寿桂尼（「大方」）、義元を晩食に招く 正月8日　中御門宣綱妻（「中御門女中」）、山科言継に進物を送る 正月9日　寿桂尼家臣関忠兵衛、山科言継を訪問する。中御門宣綱妻（「中御門女中」）、言継から使者を送られる 正月12日　寿桂尼家臣甘利佐渡守・福島八郎左衛門、山科言継に朝比奈泰能父子の意向を伝える 正月13日　寿桂尼（「大方」）、山科言継に進物を送る 正月15日　寿桂尼（「大方」）、山科言継から訪問される。寿桂尼家臣福島八郎左衛門、言継を訪問し進物を送る

正月17日　寿桂尼（「大方」）、駿府新光明寺御影堂に参拝、次いで山科言継を訪問し進物を送る。奥殿・小宰相も進物を送る
正月18日　寿桂尼（「大方」）が前日に新光明寺住持に送った進物の一部が、山科言継に送られる。言継、寿桂尼に礼に赴くが事情により挨拶できず、御黒木のもとで酒を振る舞われ、甘利佐渡守・同太郎右衛門が取り次ぐ
正月19日　寿桂尼（「大方」）、山科言継に進物を送る
正月20日　寿桂尼家臣福島八郎左衛門、山科言継を訪問する
正月24日　寿桂尼（「大方」）、良智三郎左衛門を使者に山科言継に進物を送る
正月25日　寿桂尼家臣福島八郎左衛門、山科言継を訪問し朝比奈泰能の意向を伝える。言継、朝比奈泰能妻（「朝備女中」）の依頼をうけた薬を御黒木に渡す
正月26日　寿桂尼（「大方」）、山科言継に進物を送る
正月27日　山科言継、朝比奈泰能妻（「朝比奈備中守女中・中御門姉」）に薬を送る。また御黒木を通じて中御門宣綱妻（「中御門女中」）から音曲本の借用を頼まれる
2月朔日　寿桂尼（「大方」）、山科言継から訪問をうけるが留守のため、大野見掃部助が伝言をうける。御黒木、言継に前日に見せられた香包一つが寿桂尼に留め置いていることを伝える。中御門宣綱妻（「中御門女中」）、言継から借用していた音曲本を返却する
2月2日　瀬名貞綱妻（「大方女・中御門上の妹」）、山科言継に進物を送る
2月4日　寿桂尼家臣甘利佐渡守、山科言継に進物を送る。甘利佐渡守・藁科彦九郎・福島八郎左衛門・岩本六郎右衛門ら、言継の朝食に相伴する
2月5日　寿桂尼（「大方」）、山科言継を晩食に招き、奥殿ら相伴する。甘利佐渡守、言継を送る

2月9日　寿桂尼（「大方」）・奥殿・小宰相ら、御黒木邸での言継主催の十炷香に列席する。寿桂尼は食事などを振る舞う。言継、奥殿・小宰相に薬を送る
2月10日　寿桂尼家臣甘利佐渡守、山科言継を訪問する
2月11日　寿桂尼（「大方」）、山科言継から進物を送られる
2月12日　寿桂尼（「大方」）、山科言継に進物を送る。甘利佐渡守・福島八郎左衛門、言継を訪問する
2月13日　寿桂尼家臣福島八郎左衛門、山科言継を訪問し朝比奈泰朝の伝言を伝えられる
2月14日　寿桂尼家臣甘利佐渡守・藁科彦九郎、山科言継を訪問する
2月15日　寿桂尼（「大方」）、福島八郎左衛門を使者に山科言継に進物を送る。言継、寿桂尼を訪問し、小宰相が取り次ぎ、進物を送る。奥殿、言継に進物を送る
2月16日　寿桂尼家臣甘利佐渡守・藁科彦九郎・福島八郎左衛門、山科言継から使者を送られる
2月19日　寿桂尼家臣甘利佐渡守、山科言継の正覚寺訪問に同行する
2月20日　奥殿、御黒木を訪問する
2月21日　寿桂尼家臣甘利佐渡守、山科言継の善然寺訪問に同行する
2月22日　山科言継、駿府浅間社廿日会を観覧、寿桂尼家臣甘利佐渡守・藁科彦九郎・良智三郎左衛門ら同行する。桟敷に賀永（「中御門息の喝食」）ら同席する。寿桂尼（「大方」）、食事を振る舞う。中御門宣綱妻（「中御門女中」）、言継に進物を送る
2月23日　寿桂尼家臣甘利佐渡守、山科言継から使者を送られる
2月25日　山科言継、寿桂尼（「大方」）に上洛時の伝馬の件について申し入れのため、甘利佐渡守に使者を送る

2月26日　寿桂尼家臣福島八郎左衛門、山科言継を訪問し、朝比奈泰能訪問の日にちについての牟礼元誠の伝言を伝える。甘利佐渡守、言継を訪問する
2月27日　御黒木、山科言継に音曲本を返却し、中御門宣綱妻（「中御門女中」）作成の結い花を送る。寿桂尼家臣福島八郎左衛門、言継を訪問し、朝比奈泰能訪問について伝言する
2月28日　寿桂尼家臣岩本六郎右衛門、山科言継から進物を送られる。中御門宣綱妻（「中御門女中」）、言継に進物を送る。福島八郎左衛門、言継の朝比奈泰能訪問に同行する
2月29日　寿桂尼家臣甘利佐渡守、山科言継を訪問し進物を送る。寿桂尼（「大方」）、言継から暇乞いの訪問をうけ、甘利佐渡守が同行する。御黒木、言継から寿桂尼の晩食の招待を伝えられる。寿桂尼・賀永・冷泉局・奥殿・小宰相、甘利佐渡守を使者に言継に進物を送る。寿桂尼、晩食を催し、奥殿ら相伴する。寿桂尼、言継家臣らに褒美を与える。言継、福島八郎左衛門に進物を送る
2月30日　寿桂尼（「御屋敷・大方」）、山科言継に進物を送る。甘利佐渡守、言継を訪問する。藁科彦九郎、言継から進物を送られる。寿桂尼、言継に風呂を馳走し、甘利佐渡守・福島八郎左衛門ともに入る。寿桂尼、言継に食事を供す
3月朔日　寿桂尼家臣小宰相・甘利佐渡守・福島八郎左衛門・藁科彦九郎ら、山科言継を訪問する。甘利佐渡守、言継の帰京のための駿府出立に藤枝まで同行、福島八郎左衛門・岩本六郎右衛門・関忠兵衛は宿所で見送る
3月2日　寿桂尼家臣甘利佐渡守、藤枝で山科言継から和歌を与えられる

弘治	3		3月3日　朝比奈泰能妻（「備州女中・中御門姉」）、遠江懸川天然寺に山科言継を訪問し、晩食に相伴する
永禄	1	1558	閏6月24日　氏真、遠江河勾庄老間村寺庵に寺領を新寄進する。氏真の発給文書の初見 11月24日　義元、小田原に滞在。駿府の北条氏規に書状を送るか。氏規はこれ以前に元服か
	2	1559	6月18日　沼津妙海寺に諸公事を免除する 12月23日　駿河志太郡笹間郷日向村の岡埜谷五郎右衛門尉に、日向村脇河内の百姓職を与える
	3	1560	5月19日　義元、死去
	6	1563	3月28日　沼津妙覚寺に、沼津郷妙海寺の相続と諸公事などの免除を保証する 9月11日　笹間郷峯叟院に郷内上河内村内の地を寺領を与える
	7	1564	6月8日　北条氏規、これ以前に駿府から小田原に帰還する 12月18日　けいとく院宗英に駿河内谷郷長慶寺方一所を所領として与える。「しゆけい」と署名する 12月吉日　遠江笠原庄高松社神主に社領を新寄進する
	10	1567	8月8日　氏真、高松社神主に永禄七年十二月吉日付寿桂尼（「竜雲寺殿」）朱印状をうけて同内容を安堵する 10月19日　義元娘（嶺寒院殿）の夫武田義信、死去 11月19日　嶺寒院殿、駿河への帰国が決まるか 12月21日　氏真、越後上杉輝虎に書状を送る

11	1568	2月21日　嶺寒院殿（「御新造」）、甲斐から帰国にあたり伊豆三島を経由、北条氏政はその準備を家臣清水康英に命じる
		3月10日　氏真、駿河築地郷円隆寺に、寿桂尼（「竜雲寺殿」）寄進の彦五郎（「定源寺殿」）菩提領の印判状・検地坪付の通りに寺領を安堵し、増善寺の末寺に定める
		3月24日　寿桂尼、死去
		3月26日　山科言継、駿河に下る高野聖に母御黒木と中御門宣綱妻（「中御門女中」）への書状を託す
		3月29日　諏訪勝頼、寿桂尼（「沓谷の大方」）の死去を家臣栗原伊豆から連絡をうける
		4月15日　氏真家老三浦氏満・朝比奈泰朝、上杉家家老に書状を送り、嶺寒院殿（「甲州新蔵」）の帰国の経緯を伝える
		11月11日　早河殿、駿河笹間郷峯叟院に、永禄六年九月十一日付寿桂尼（「竜雲寺殿」）朱印状の通りに寺領を安堵する
		12月13日　氏真・早河殿・氏真娘ら、武田軍の駿府侵攻により駿河から没落し、遠江懸河城に逃れる
12	1569	正月2日　北条氏康、娘早河殿が駿府没落の際に徒であったという恥辱に怒りを示す
		4月　中御門宣綱、懸河城で死去
		5月9日　氏真の懸河開城について北条氏政と徳川家康で和議が成立する
		5月17日　氏真一行、懸河城を出て北条方に引き取られる
		5月23日　氏真、北条氏政長男国王丸（氏直）を養子にする
		5月28日　氏真、国王丸に家督を譲る
		閏5月3日　氏真一行、駿河沼津に移る

永禄	12		閏5月15日　氏真、駿河大平城に在城 7月18日　御黒木死去
元亀	元	1570	4月26日　早河殿（「大方」）は相模早河に居住。家臣に富士常陸・甘利佐渡 8月21日以前　氏真は大平城から相模早河に移るか この年　氏真長男範以生まれる
	2	1571	8月9日　中御門宣綱妻（「御屋敷・今川氏真伯母」）が相模早河から出した山科言継への書状が言継に届く 9月8日　氏親四女瀬名貞綱妻死去 この年か　紀伊熊野社実報院、駿河長田庄内の神領について記し、寿桂尼（「くつのや御つぼね」）の賄領となっていたことを記す
天正	13	1585	12月24日　徳川家康、駿河清水真珠院に、寿桂尼（「長勝院」）寄進の寺領を安堵する

主要参考文献

浅倉直美「天文～永禄期の北条氏規について——本光院殿菩提者となるまで」（『駒沢史学』九〇号、二〇一八年）
有光友學『今川義元』（人物叢書254　吉川弘文館、二〇〇八年）
家永遵嗣『室町幕府将軍権力の研究』（東京大学日本史学研究叢書1　東京大学日本史学研究室、一九九五年）
同　「明応二年の政変と伊勢宗瑞（北条早雲）の人脈」（『成城大学短期大学部紀要』二七号、一九九六年）
大石泰史『今川氏滅亡』（角川選書604　二〇一八年）
同　編『今川氏年表——氏親・氏輝・義元・氏真』（高志書院、二〇一七年）
同　編『今川義元』（シリーズ・中世関東武士の研究27　戎光祥出版、二〇一九年）
大久保俊昭『戦国期今川氏の領域と支配』（戦国史研究叢書5　岩田書院、二〇〇八年）
大塚　勲『今川氏と遠江・駿河の中世』（岩田選書・地域の中世5　岩田書院、二〇〇八年）
同　『戦国大名今川氏四代』（羽衣出版、二〇一〇年）
小川剛生「戦国大名と和漢聯句——駿河今川氏を中心に」（『国語国文』八七巻七号、二〇一八年）
小沢誠一「「言継卿記」にみえる今川最盛期」（今川氏研究会編『駿河の今川氏』第五集、静岡谷島屋、一九

八〇年）
小和田哲男『今川氏の研究』（小和田哲男著作集第1巻　清文堂出版、二〇〇〇年）
同『今川氏家臣団の研究』（小和田哲男著作集第2巻　清文堂出版、二〇〇一年）
同『今川義元――自分の力量を以て国の法度を申付く』（ミネルヴァ日本評伝選11　二〇〇四年）
同『駿河今川氏十代――戦国大名への発展の軌跡』（中世武士選書25　戎光祥出版、二〇一五年）
同　編『今川義元のすべて』（新人物往来社、一九九四年）
同　編『今川氏とその時代――地域研究と歴史教育』（清文堂出版、二〇〇九年）
木下昌規編『足利義晴』（シリーズ・室町幕府の研究3　戎光祥出版、二〇一七年）
久保田昌希『戦国大名今川氏と領国支配』（吉川弘文館、二〇〇五年）
黒田基樹『関東戦国史――北条vs上杉55年戦争の真実』（角川ソフィア文庫　二〇一七年）
同『羽柴家崩壊――茶々と片桐且元の懊悩』（中世から近世へ　平凡社、二〇一七年）
同『北条氏康の妻　瑞渓院――政略結婚からみる戦国大名』（中世から近世へ　平凡社、二〇一七年）
同『北条氏政――乾坤を截破し太虚に帰す』（ミネルヴァ日本評伝選179　二〇一八年）
同『北条氏康の家臣団――戦国「関東王国」を支えた一門・家老たち』（洋泉社歴史新書y81　二〇一八年）
同『戦国北条五代』（星海社新書149　二〇一九年）
同『今川氏親と伊勢宗瑞――戦国大名誕生の条件』（中世から近世へ　平凡社、二〇一九年）
同『戦国大名・伊勢宗瑞』（角川選書624　二〇一九年）
同『北条氏綱――勝って甲の緒をしめよ』（ミネルヴァ日本評伝選209　二〇二〇年）

同　編『伊勢宗瑞』（シリーズ・中世関東武士の研究10　戎光祥出版、二〇一三年）
同　編『今川氏親』（シリーズ・中世関東武士の研究26　戎光祥出版、二〇一九年）
同　編『今川義元とその時代』（戦国大名の新研究1　戎光祥出版、二〇一九年）
黒田基樹・浅倉直美編『北条氏康の子供たち――北条氏康生誕五百年記念論文集』（宮帯出版社、二〇一五年）
五條小枝子『戦国大名毛利家の英才教育――元就・隆元・輝元と妻たち』（歴史文化ライブラリー492　吉川弘文館、二〇二〇年）
後藤みち子『中世公家の家と女性』（吉川弘文館、二〇〇二年）
同　『戦国を生きた公家の妻たち』（歴史文化ライブラリー269　吉川弘文館、二〇〇九年）
瀬本久雄「『言継卿記』における駿州府中とそのかいわい」（今川氏研究会編『駿河の今川氏』第五集、静岡谷島屋、一九八〇年）
戦国史研究会編『論集　戦国大名今川氏』（岩田書院、二〇二〇年）
永井路子『姫の戦国』上・下（文春文庫　文藝春秋社、一九九七年）
長倉智恵雄『戦国大名駿河今川氏の研究』（東京堂出版、一九九五年）
長谷川弘道「今川氏真の家督継承について」（『戦国史研究』二三号、一九九二年）
平山　優『川中島の戦い――戦史ドキュメント』上・下（学研M文庫　学習研究社、二〇〇二年）
同　『武田信虎――覆される「悪逆無道」説』（中世武士選書42　戎光祥出版、二〇一九年）
福田千鶴『近世武家社会の奥向構造――江戸城・大名武家屋敷の女性と職制』（吉川弘文館、二〇一八年）
同　『城割の作法――一国一城への道程』（吉川弘文館、二〇二〇年）

米原正義『戦国武士と文芸の研究』（桜楓社、一九七六年）
『静岡県史　通史編2』（静岡県、一九九七年）
『井原市史Ⅰ』（井原市、二〇〇五年）
島田市博物館編『女戦国大名　寿桂尼と今川氏』（島田市博物館特別展図録、二〇一七年）

黒田基樹（くろだ もとき）

1965年東京都生まれ。早稲田大学教育学部社会科地理歴史専修卒業。博士（日本史学）。専門は日本中世史。現在、駿河台大学教授。著書に『戦国大名・北条氏直』『井伊直虎の真実』（ともに角川選書）、『戦国北条家の判子行政——現代につながる統治システム』『戦国大名——政策・統治・戦争』（ともに平凡社新書）、『北条氏綱——勝って甲の緒をしめよ』（ミネルヴァ書房）、『今川氏親と伊勢宗瑞——戦国大名誕生の条件』『羽柴家崩壊——茶々と片桐且元の懊悩』『北条氏康の妻 瑞渓院——政略結婚からみる戦国大名』（いずれも平凡社）、編著に『今川義元とその時代』（戎光祥出版）、監修に『戦国大名』（平凡社別冊太陽）などがある。

［中世から近世へ］

今川《いまがわ》のおんな家長《かちょう》 寿桂尼《じゅけいに》

発行日　2021年2月17日　初版第1刷

著者　黒田基樹
発行者　下中美都
発行所　株式会社平凡社
〒101-0051 東京都千代田区神田神保町3-29
電話（03）3230-6579［編集］（03）3230-6573［営業］
振替 00180-0-29639
ホームページ https://www.heibonsha.co.jp/
印刷・製本　株式会社東京印書館
DTP　ダイワコムズ

ISBN978-4-582-47750-4
NDC分類番号210.47　四六判（18.8cm）　総ページ292
